CHATEAUX ET CHATELAINS

LE CHATEAU

DE

PONTCHARTRAIN

(SEINE-ET-OISE)

Bᵒⁿ Olivier de LAVIGERIE

BOURLOTON
LIBRAIRIE DE PARIS
1889

Pontchartrain

—◈◈◈—

PONTCHARTRAIN

(SEINE-ET-OISE)

—◈◈◈—

Sur la petite terre qui a donné son nom au château actuel, existait originairement une modeste maison servant d'habitation au maître et accompagnée des bâtiments nécessaires à une exploitation rurale. Son possesseur, au milieu du XVIᵉ siècle, était François Coignet, époux de Catherine Roponel. Une charge de conseiller-notaire et secrétaire du roi, maison couronne de France et de ses finances, l'avait anobli et il se qualifiait, selon l'usage, d'écuyer, seigneur de Pontchartrain. Il laissa quatre enfants : deux filles dont Marguerite mariée le 28 mai 1580 à Balthazar de Flavigny, et l'autre au sire de Graffart, puis deux fils, François et Raoul, celui-ci né en 1561.

Ce brave notaire mort, un grave dissentiment s'éleva entre les deux frères,

au sujet de la terre de Pontchartrain ;
François soutenant qu'elle était terre
noble et devait lui revenir comme aîné ;
Raoul, au contraire, prétendant qu'elle
était en roture et devait être partagée.
A notre avis, ce dernier avait raison, la
charge du père ne lui donnant que l'a-
noblissement personnel. Le parlement
de Paris, saisi de l'affaire, venait de
nommer un conseiller-commissaire
chargé de le renseigner et d'entendre
les témoins des parties, lorsqu'un fatal
événement vint dénouer la situation.
Les deux frères, devenus ennemis, ne se
voyaient plus ; mais un jour, Raoul,
accompagné de ses beaux-frères Flavigny
et Graffart et de deux autres gentilshommes, revenait de faire visite à un
sieur Desmousseaux près Neaufle, lorsqu'il rencontra sur le chemin son frère
François, qui chassait en compagnie d'un
sieur de Florimont. On se croisa sans
se dire autre chose qu'un froid bonjour,
mais un des chiens de François étant
venu dans les jambes de Raoul, celui-
ci le rudoya et l'animal, hurlant, s'en-
fuit vers son maître. François se retournant vers Raoul l'apostropha, lui de-
mandant pourquoi il avait frappé son
chien ; une querelle s'éleva et on se bat-
tit des deux côtés. Tous étaient armés

de pistolets et de poictrinaux, sorte d'arquebuse, mais le parti de Raoul, plus nombreux, devait avoir le dessus. Le sieur de Florimont fut tué sur place et François lui-même reçut une telle blessure de son frère Raoul, qu'il succomba peu de jours après. On s'imagine le bruit que fit cet événement. Le parlement de Paris procéda sans délai contre Raoul et ses complices qui, ayant pris la fuite, furent condamnés par contumace à avoir la tête tranchée en place de Grève. Ayant en vain sollicité leur grâce du roi, ils recoururent au privilège de Saint-Romain à Rouen en vertu duquel, le jour de l'Ascension de chaque année, un meurtrier pouvait être gracié ainsi que ses complices, si le chapitre de la cathédrale le désignait pour cette faveur (1).

Coignet avait des protecteurs zélés et puissants, entre autres le célèbre Pomponne de Bellièvre qui, chargé alors de toutes les négociations importantes, jouissait d'un immense crédit, et les cardinaux de Bourbon et de Vendôme qui écrivirent au chapitre en sa faveur. Le chapitre n'avait rien à refuser à de pareils solliciteurs et désigna Coignet et

---

(1) Floquet. *Du privilège de Saint-Romain.*

ses complices pour jouir du privilège en 1586.

Le cardinal de Bourbon s'empressa de remercier le chapitre :

« Je vous puis asseurer, écrivait-il, qu'en ce faict, vous avez obligé tant d'honnestes personnaiges de qualité que cela pourra beaucoup servir pour le support et conservation du privilège et tous autres droicts de nostre église. »

Le bon cardinal fit bien de ne pas ajouter selon la formule, que les familles se rendraient dignes à l'avenir de la haute faveur dont elles bénéficiaient, car nous retrouvons plus tard des sires de Graffart ayant encore des démêlés avec la justice. En 1613 notamment, Maximilien de Graffart, écuyer, sieur de Mailly, fut condamné à avoir la tête tranchée et « a estre mis sur la roë ».

Pontchartrain était du ressort du parlement de Paris et ces privilèges accordés en dehors de leur province, dont on faisait bénéficier des étrangers, étaient vus en grande défaveur par nos bons Normands qui voulaient les réserver pour eux... et cela se conçoit.

On comprend qu'après un tel événement la terre de Pontchartrain ne soit pas restée dans les mains de la famille Coignet, elle fut vendue à Paul Phely-

peaux. C'était un petit gentilhomme
originaire par sa famille de Beaufort, en
Anjou, mais né à Blois en 1569 et troisième fils de Louis Phelypeaux, conseiller au présidial de cette ville, et de Rade-
gonde Garraut.

Entré fort jeune aux affaires et admis
à 18 ans dans les bureaux du ministère Villeroy, il fut pourvu, au bout d'un
an, par Henry IV de la charge de secrétaire des commandements de Marie de
Médicis. Son zèle ardent et ses aptitudes
peu communes ne tardèrent pas à lui
concilier l'affection de cette reine qui,
pour mieux se l'attacher par les liens
de la reconnaissance, le maria le 11 juin
1605 à Anne de Beauharnais, fille de
François, seigneur de Miramion, et
d'Anne Bourdineau de Villambly; cinq
ans après, elle le faisait nommer conseiller
et secrétaire d'État.

Le pouvoir étant tombé trois semaines
plus tard entre les mains de Marie de
Médicis par la mort sanglante du roi,
Phelypeaux rendit de signalés services à
la régente tant dans l'administration
générale du royaume que dans les
affaires alors si graves de la religion. Il
fut député à la conférence de Loudun
dans laquelle se débattirent les intérêts
des protestants, il coopéra ensuite au

règlement fait dans l'assemblée des notables à Rouen en 1617. Toujours fidèle à sa bienfaitrice, il prit la meilleure part au traité de réconciliation qu'elle conclut en 1619 à la suite de son évasion de Blois.

Ses Mémoires sur les affaires de France sous le règne de Marie de Médicis avec un journal des conférences de Loudun qu'il publia en 1620, sont une œuvre remarquable. Sa santé était déjà minée par le travail lorsqu'il accompagna le roi au siège de Montauban. Atteint tout à coup d'une indisposition sous cette place, il se fit transporter à Castel-Sarrazin et y succomba le 21 octobre 1621, âgé de 52 ans. Ses restes furent ramenés à Paris et déposés à la chapelle Saint-Laurent dans l'église Saint-Germain-l'Auxerrois, sa paroisse ; il demeurait alors rue Saint-Thomas-du-Louvre. Sa veuve lui fit ériger un mausolée avec cette épitaphe :

PAULUS PHELIPAUX
Natus Blœsis IV
Vir a secretis epistolis,
Dum in munere assiduus Regi
in obsidione montalbanensi adest,
Morbo tentatus eo apud castrum
Sarracenicum solutus est 21 octob.
anni 1621, ætatis quinquagesimi secundi,
Optimi conjugis corpus

Paul Phelypeaux
de Pontchartrain secretaire
d'Etat sous Marie de Medicis. il
mourut a Castel — Sarasin l'an 1621
agé de 52 ans
Gravé par Desrochers, a Paris rue du Foin pres la rue St Iacques
Orné d'vne Ame intelligente
Pour bien servir vn Potentat
Servant vne Reine regente
Il rendit service a l'Etat.

ANNA BEAUHARNOIS
Huc transferri curavit amori leve
SOLATIUM,
ut qui in una domo per septemdecim
circiter annos amantissimè vixerunt,
iidem cum natis communibus,
in unius capsulæ angustia,
in æternum resurecturi placidè
quiescant. (1)

Un autre portrait, gravé par Edelinck, précède son éloge dans les *Hommes illustres de France*, par Perrault.

Quatre enfants étaient nés de son mariage avec Mlle de Beauharnais ; l'aîné, Louis, né en 1613, hérita de la seigneurie de Pontchartrain. Quoiqu'il n'eût encore que huit ans, les éminents services de son père lui valurent d'être pourvu de la charge de secrétaire d'Etat sous la condition que les fonctions seraient remplies par son oncle, Raymond Phelypeaux d'Herbault.

Tout alla bien pendant quelques années, mais, l'oncle étant venu à mourir avant la majorité du neveu, ses enfants considérèrent la charge comme leur appartenant et prétendirent la vendre à leur profit. Le neveu acquiesça par crainte d'autre disgrâce et se contenta d'une charge de conseiller au

---

(1) Piganiol de la Force. — *Description historique de Paris*, ii° vol.

Parlement. En dépit de cette compensation, il ne put jamais pardonner à ses cousins de l'avoir dépouillé et resta en froid avec eux le reste de sa vie.

Sa position au parlement lui procura un mariage avec une fille de haute magistrature, Marie Suzanne Talon, fille du célèbre avocat général et conseiller d'Etat Jacques Talon, auteur des curieux mémoires sur les troubles de la minorité. En 1650, il occupa le siège de président à la Chambre des comptes. Il perdit sa femme trois ans après. Vient le procès de Fouquet et il est nommé l'un des juges, mais dans cette délicate circonstance, sa probité reste inflexible malgré les caresses et les menaces de Colbert et de Louvois réunis pour la perte du surintendant, et, ne trouvant pas suffisamment justifiés les chefs d'accusation, il vota pour l'acquittement. Ce noble courage le mit à l'index et l'exclut à jamais de toute faveur; aussi était-il assez pauvre et fort embarrassé de ses quatre enfants, deux fils et deux filles. Nous parlerons plus tard de son fils aîné. Le second fut conseiller au Grand Conseil, puis maître des requêtes, homme d'honneur comme son père, mais qui serait resté toute sa vie dans une position modeste sans la fortune de son aîné qui le fit conseiller d'Etat et Intendant de Paris. Suzanne, l'aînée des filles, devint l'épouse de l'avocat général Jérôme Bignon, et Marie-Claude, sa cadette, se maria au conseiller Habert de Montmort, fils de l'académicien.

Mme Bignon mourut en 1661 et Mme de Montmort survécut à sa sœur jusqu'en 1690.

Tel était l'état de cette famille où le talent et les vertus abondaient, mais qui était loin de connaître les douceurs de l'opulence. Tout le désir du président eût été de transmettre à son fils aîné Louis Phelypeaux, né le 29 mars 1643, la survivance de sa charge à la Chambre des comptes, mais si sa conscience avait été inflexible, la colère du ministre ne l'était pas moins et ses instances pour cet accommodement de famille restèrent toujours sans résultat.

Louis Phelypeaux avait été reçu Conseiller aux requêtes, le 11 février 1661, à l'âge de dix-sept ans. C'était un très petit homme, maigre, bien pris dans sa taille, avec une physionomie vive, des yeux étincelants de feu et d'esprit, et qui tenait encore beaucoup plus qu'elle ne promettait. Jamais on ne vit réunis tant de promptitude à comprendre une affaire, de légèreté et d'agrément dans

la conversation et d'à-propos dans les
réparties. Aussi heureusement doué
pour le travail que pour le plaisir, il
se distinguait au Palais par sa grande
facilité et son assiduité et brillait dans
les ruelles et les galantes réunions par
les grâces et les saillies de son esprit.
Cependant, victime de la haine que les
ennemis de Fouquet portaient à son
père, il demeurait sans espérance d'a-
vancement.

« Je lui ai ouï dire souvent, raconte
» Saint-Simon, combien il était affligé
» d'être exclu d'avoir la charge de son
» père et renonçant à cette fortune, que
» son château en Espagne était d'arriver
» avec l'âge à une place de Conseiller
» d'honneur au Parlement et d'avoir
» une maison dans le cloître de Notre-
» Dame. »

Il s'était marié en 1668 avec Marie
de Maupeou, fille de Pierre de Maupeou,
président aux enquêtes, et de Marie
Quentin de Richebourg. La dot avait été
minime et le jeune ménage vivait modes-
tement chez le père du mari. « Ils n'a-
» vaient qu'un carrosse pour eux deux,
» dit encore Saint-Simon, et lui un ca-
» binet pour travailler, où on entrait
» du haut du degré, sans rien entre
» deux et couchaient au second étage. »

Il remplissait depuis dix-huit ans les modestes fonctions de Conseiller aux requêtes lorsqu'en 1677, vint à vaquer la place de premier président au Parlement de Rennes. Les affaires de la Bretagne rendaient fort difficile le choix d'un titulaire, d'autant plus que Colbert n'y voulait qu'un homme très habile à cause des Etats près desquels le premier président était toujours second commissaire du Roi. Mieux que cela, il fallait au ministre un homme à lui, capable de comprendre ses vues et de le bien renseigner sur l'importance et les coutumes du commerce maritime de la Province.

Un jour qu'il en causait avec ses familiers au nombre desquels se trouvait l'intendant des finances, Hotman, dont il écoutait volontiers les avis, celui-ci avec sa franchise et sa rondeur habituelles, et bien qu'il n'ignorât pas l'aversion de Colbert pour le président Phelypeaux, parla du fils de ce magistrat comme de l'homme qui serait évidemment le plus propre à occuper le siège de Rennes. Il prôna tant et si bien son candidat que Colbert, étonné, puis convaincu, se décida pour le fils de l'homme qu'il détestait. Qu'on juge de la surprise des Phelypeaux à la nouvelle de cette bonne fortune et surtout en apprenant qu'ils en sont redevables à Hotman, parent et ami de Colbert et avec lequel ils n'avaient aucune liaison. Ils y étaient si peu préparés que tout d'abord effrayés des dépenses qu'allait occasionner la position, ils songèrent à refuser ; mais parents et amis s'interposèrent ; les uns furent prodigues de conseils, les autres ouvrirent leur bourse et, à la fin, tout s'aplanit.

Aucun choix n'eût mieux répondu aux intentions de Colbert qui ne tarda pas à s'en applaudir. Non seulement Phelypeaux ramena le parlement breton dans la voie des saines doctrines et assura partout une bonne administration judiciaire, mais il fut assez hardi pour remplir en même temps les fonctions d'intendant d'une province qui n'en avait jamais toléré ; et bien que le rétablissement du bon ordre froissât beaucoup d'intérêts privés, il sut par son énergie et son esprit conciliant se faire généralement aimer et considérer. Le duc de Chaulnes, lui-même, peu accoutumé à voir autre que lui et les Etats dont il disposait à son gré se mêler des affaires dans le pays, s'inclina devant cette autorité respectable dont tout le monde appréciait les bienfaits.

Le vieux président Phelypeaux mourut à Paris le 29 avril 1685, âgé de 72 ans; il est inhumé dans l'église Saint-Germain-l'Auxerrois.

Sa succession ne se composait guère que de la petite terre de Pontchartrain laquelle, cette fois, ne pouvait être l'objet d'aucune contestation, les Phelypeaux étant nobles; elle échut au président de Rennes, en vertu du droit d'aînesse; il vint en prendre possession et s'y reposa quelques jours.

De retour en Bretagne, Phelypeaux y poursuit une œuvre si bien commencée d'ordre et de pacification. Mais déjà on reconnaissait l'utilité de son concours dans une sphère plus élevée et l'Intendance des finances à Paris lui fut en quelque sorte imposée en 1687. Rien ne répugnait plus à ses goûts; aussi remua-t-il ciel et terre pour s'en défendre, c'est au point qu'il tenait rancune au contrôleur général Pelletier, de l'avoir choisi pour ce poste important et le lui déclarait en toute occasion. Pelletier rit de sa colère et ne l'en désigna pas moins pour son successeur deux années plus tard. Phelypeaux pensa étouffer de dépit en se réveillant un beau matin contrôleur général des finances sans même avoir été consulté.

Vers la fin de sa première année d'exercice, il se crut un instant délivré des finances en recevant sa nomination de ministre-secrétaire d'État de la marine et de la Maison du Roi, mais à son grand désespoir, Louis XIV entendait qu'il cumulât ces fonctions avec le contrôle général.

Doué d'un esprit transcendant, Phelypeaux avait pour les lettres un goût décidé que le positivisme des affaires n'affaiblit jamais. Une des principales mesures qui signalèrent sa présence au ministère de la Maison du Roi, fut un nouveau règlement qui contribua à rehausser l'éclat de l'Académie des Inscriptions appelée naguère Académie des médailles. Ce n'était là qu'une distraction à ses soucis.

Probe et désintéressé avant tout, le contrôleur général s'effrayait d'une responsabilité que son caractère le portait à exagérer et des assauts qu'avait à subir le Trésor public. Souvent on l'entendait s'en plaindre amèrement, et ce serait toute une odyssée que l'histoire de ses inquiétudes et surtout de ses demandes pour s'exonérer du fardeau des finances; mais Louvois, qui l'appréciait, n'en voulait point d'autre que lui. Tel était aussi l'avis de Madame de

Maintenon alors engouée du contrôleur
général et de sa femme. Cependant, la
position lui devenait chaque jour plus
antipathique; à chaque création d'offices
inventés pour satisfaire aux frais de
guerre, sa conscience se révoltait et il
eût volontiers pris la fuite si à force de
bonnes paroles et de tendres ruses sa
femme, pour ne point désobliger Madame
de Maintenon, ne lui eût fait prendre
patience. Dans ses moments de décou-
ragement on lui demandait tantôt deux,
tantôt quatre, tantôt huit jours de patience et ce délai passé, le temps avait
calmé les colères et notre contrôleur
général se résignait devant les faits ac-
complis. Aux premiers mots de capitation et de décime prononcés par l'Intendant du Languedoc Basville, Phelypeaux manifesta hautement son horreur de deux impôts qui devaient, selon
lui, écraser les populations et refusa
tout d'abord de les mettre en délibération,
mais le Trésor était vide et il fallait à
tout prix le remplir. Le contrôleur général réfléchit, on céda sur le décime
et il céda sur la capitation.

Phelypeaux ne trouvait réellement
quelque trêve à ses dégoûts qu'en allant
de temps à autre surveiller les travaux
de la somptueuse habitation qu'il édi-

fiait à Pontchartrain. Là, au milieu d'une armée d'ouvriers, il se complaisait à discuter et donner son avis sur la coupe des pierres, la résistance des bois, la qualité d'un ciment. Qui l'eût écouté sans le connaître l'eût pris pour un homme du métier.

Il avait jeté les fondements de son château dans une large vallée coupée par de petits ruisseaux qui serpentent dans un jardin anglais et entourent l'édifice. Le château est fort bien bâti et d'un aspect très agréable. Le parc est bordé presque entièrement par la rivière de Mandre qui, par des canaux, répand ses eaux dans l'intérieur. De magnifiques bosquets, ornés d'arbustes de toute espèce et même de plantes exotiques multiplient les agréments de ce jardin.

Au reste le château ne paraît pas avoir été modifié depuis sa construction, le chancelier Phelypeaux reconnaîtrait sûrement son habitation. Aujourd'hui on y arrive par la grande route nationale n° 12, qui traverse la forêt de Sainte-Apolline, puis par l'avenue de Château-villain faisant suite à la route. Le château se compose de trois corps de bâtiment, ayant la cour d'honneur au centre, le tout entouré de fossés remplis d'eaux

vives. Le corps de bâtiment du centre
est décoré d'un fronton surmonté d'un
dôme quadrangulaire couronné lui-même
d'un campanile d'un bel effet. Le parc,
comme nous le disions tout à l'heure,
est fort beau ; il a la forme d'un rec-
tangle, est orné de statues et de bustes
et entièrement clos par des murs ou par
la rivière.

Le chancelier Phelypeaux échangea
avec Louis XIV la terre de Marly-le-
Bourg contre les châtellenies de Neauphle
et de Maurepas qui étaient du domaine
royal.

Phelypeaux avait un fils unique, Jérôme, né au mois de mars 1674, qui
était entré, à dix-huit ans, au Parlement comme conseiller. Ce jeune homme
montrait un mérite au-dessus de son
âge et le roi, qui l'appréciait, lui avait
fait la faveur de le nommer ministre
d'État, en survivance de son père. Il
se prélassait depuis quatre ans dans les
délices de cette charge honorifique, sans
grande préoccupation d'avenir et attendant qu'il plût à sa famille de le marier, lorsque le contrôleur général crut
avoir trouvé son affaire en Mlle de
Bourbon-Malause, jeune orpheline, alors
pensionnaire au couvent de la Ville-
l'Évêque, à Paris. La considération d'une

alliance si flatteuse pour un simple gentilhomme faisait passer sur l'exiguïté de
la dot et le contrôleur-général demanda
l'agrément du roi ; mais quelle ne fut
pas sa déconvenue lorsque Louis XIV,
prenant un air sérieux, lui conseilla
sèchement de porter ses vues ailleurs,
ajoutant, pressé d'instances, qu'il ne lui
convenait pas de voir les armes de
Bourbon, que portait la jeune fille,
accolées à celles de son ministre ! Cruellement déçu, mais ne s'en ouvrant à
personne, il cherchait un prétexte honnête pour retirer sa parole lorsque tout
fut ébruité par la mercuriale que le roi
adressa aux maréchaux de Duras et de
Lorges, parents de Mlle de Malause,
pour s'être prêtés à ce projet d'union.
Mortification complète, mais acceptée
sans mot dire. On descendit alors d'un
degré et, faute d'un nom royal, on prit
un nom ducal. Ce fut encore une nièce
des maréchaux de Duras et de Lorges,
Christine-Éléonore de la Roche-Foucault
de Roye, sœur du comte de Roucy, du
comte de Blansac et du chevalier de
Roye. Le maréchal de Lorges traita
l'affaire, et la comtesse de Roucy se chargea d'aller chercher sa belle-sœur à
l'abbaye de Notre-Dame de Soissons et
de l'amener à Versailles où le mariage fut

LOUIS Phelypeaux, Sgr. de Pontchartrain, Chancelier de France,
en 1699. le Roi lui donna la Charge de Greffier, de Ses Ordres
dont il prêta Serment le 9 Mai 1700. par la mort du Marquis de
Chateauneuf, à condition quil en feroit Sa démission au Marquis de
la Vrilliere.

LE CHANCELIER DE PONTCHARTRAIN

célébré sans apparat, à minuit, dans la chapelle du château, le 28 février 1697.

Le roi qui, cette fois, n'opposait plus son veto, ajouta six mille livres de pension aux quatre que la mariée touchait déjà et donna cinquante mille écus au beau-père qui, à cette occasion, fit ériger en comté sa terre de Pontchartrain dont il prit le nom et fit appeler son fils le comte de Maurepas.

M. de Pontchartrain, c'est ainsi que nous le désignerons maintenant, s'était tenu longtemps en assez bons termes avec Madame de Maintenon, mais les exigences de celle-ci s'accroissant de jour en jour, il avait fini par fermer l'oreille à des demandes d'argent qui se renouvelaient sans cesse. Il avait affaire à forte partie, on insistait, et alors ne maîtrisant plus son indignation il s'y laissait aller d'une façon si brutale et si désobligeante pour Madame de Maintenon que celle-ci éclatait aussi et eût brisé les vitres sans l'angélique intervention de Mme de Pontchartrain dont la patience s'exerçait sans trêve ni repos à calmer tantôt les scrupules de son mari, tantôt les récriminations de son amie. Peu de semaines se passaient sans une nouvelle scène et les choses en arrivaient au point que la

quasi Reine saisit au bond l'occasion de
se débarrasser honnêtement d'un contrôleur général des finances trop insensible
à ses pieuses prodigalités.

C'était un mercredi de l'année 1699,
veille du départ de la cour pour Fontainebleau ; on venait d'apprendre que le
chancelier Boucherat se mourait et
Louis XIV à l'issue du Conseil dit à
Pontchartrain : « Seriez-vous bien aise
d'être chancelier de France ? — Sire,
répondit-il, si j'ai instamment demandé
plus d'une fois à Votre Majesté de me
décharger des finances pour demeurer
simple ministre, elle peut imaginer si je
les quitterais de bon cœur pour la première place où je puisse arriver. »
Eh bien ! n'en parlez à personne sans
exception, reprit le roi, si le chancelier
meurt comme il est peut-être mort à
cette heure, je vous fais chancelier. »
Pontchartrain embrassa les genoux du
roi et se retira « dans la plus grande
» joie qu'il ait jamais ressentie, disait-il,
» non d'être chancelier, quoiqu'il en
» fût comblé, que d'être délivré du
» fardeau des finances. » Trois jours se
passèrent dans l'attente, mais le samedi
Louis XIV entrant chez Madame de
Maintenon ordonna au Maréchal de
Villeroy, capitaine des gardes en quar-

tier, d'aller quérir le contrôleur général ; celui-ci, comme de raison, se tenait prêt. Il entra en toute hâte et le roi lui remettant les sceaux lui dit : « Je vou- » drais avoir une place encore plus » éminente à vous donner pour vous » marquer mon estime de vos talents » et ma reconnaissance de vos services. »

A cette occasion, le jeune secrétaire d'État en survivance passa en titre et exerça ses fonctions. Il quitta alors le nom de Maurepas et se fit appeler comte de Pontchartrain, tandis que, conformément à l'étiquette, son père ne fut plus désigné que par son titre de chancelier.

A mesure que croissait la fortune du chancelier et de sa femme, ils étaient entraînés à sacrifier aux faiblesses de leur temps ; aussi n'étaient-ils pas plus que d'autres à l'abri des petites blessures d'amour-propre. On se rappelle leur déception à propos du projet de mariage de leur fils avec Mlle de Bourbon-Malause ; en voici pour ainsi dire le pendant. Avoir tabouret chez la reine ou chez les princesses était une prérogative fort recherchée des dames, mais presque exclusivement réservée aux duchesses. Aucun office de la couronne, pas même celui de connétable, ne procurait cet honneur à la femme du titu-

laire ; cependant, encouragée par quelques apparences de précédent et surtout
par la bienveillance de Madame de Maintenon, la nouvelle chancelière osa ten-
ter l'aventure. Le 29 septembre elle se
rend à la toilette de la duchesse de
Bourgogne, y prend tabouret, puis ac-
compagne la princesse dans son salon
d'audience. Aussitôt grande rumeur
parmi les privilégiées; l'indignation est
au comble de ce que la première digni-
taire du royaume a eu la témérité de
toucher à l'arche sainte en se mettant de
pair avec les duchesses. Les hommes
s'en mêlent et l'affaire arrive au roi. Au
lieu d'agir comme eut occasion de le
faire plus tard le Régent, Louis XIV
décida contre la chancelière et prévint
son mari qu'elle eût désormais à s'abs-
tenir de ses prétentions. On se le tint
pour dit. En ce temps-là vertu et mérite cédaient le pas à la naissance; on les
a vus depuis céder le pas au vice et à
l'effronterie.

C'est ici l'occasion de faire connaître
cette châtelaine de Pontchartrain. Très
peu favorisée sous le rapport de la beauté,
elle rachetait ses imperfections de visage
par une excessive distinction et un
maintien qui lui attirait tout de suite
le respect. Personne n'avait plus de fran-

chise et de bonhomie dans le cœur, plus
d'agrément et de souplesse dans l'esprit.
Uu grand sens, un tact parfait et une
solide instruction lui permettaient d'abor-
der les plus graves sujets de conversation, tout en se montrant à l'occasion
d'une gaieté enjouée qui vous surpre-
nait et vous tenait sous le charme. Sa
connaissance du cœur humain dépassait
toute idée. On ne s'expliquait pas qu'une
femme qui n'avait vu le monde qu'en
province se fût pliée en si peu de temps
aux façons, à l'esprit et au langage de
la cour à ce point d'être un des meilleurs
conseils qu'on pût trouver pour s'y bien
gouverner. Jamais femme de ministre ne
sut tenir sa maison avec autant d'ordre
et en même temps de magnificence. Elle
s'entendait à donner des fêtes où, sans
ostentation et restant toujours simple
et modeste de sa personne, elle ne laissait pas que de déployer tout le luxe et
le raffinement de son temps et rehaus-
sait encore l'agrément de ces fêtes en
n'en donnant jamais qu'à propos. Alors,
occupée de tout et de tous, elle déployait
des trésors de grâce et d'amabilité et
comblait son monde d'aimables prévenances sans qu'on y pût cependant
rien trouver d'obséquieux. On ne la re-
doutait qu'à table où elle aimait à pro-

longer outre mesure des dîners splendides auxquels elle ne touchait cependant qu'à peine. Sa charité était ingénieuse et inépuisable. Dieu sait combien de ressources elle puisait dans son cœur et son esprit pour secourir, sans les humilier, des gens dont elle paraissait totalement ignorer les besoins. Du reste, en fait de bonnes œuvres, elle et son mari se mettaient à l'unisson et jamais on ne vit de meilleurs parents et de meilleurs amis qu'eux.

Peu après son installation aux sceaux, le chancelier fut honoré, le 9 mai 1700, du titre de Commandeur des Ordres ; il l'acquit avec la charge de Secrétaire qui conférait la prérogative du cordon bleu.

A l'apogée des honneurs et de la fortune, le chancelier n'en continuait pas moins à marcher droit dans sa voie. Tel est en général l'ascendant du bien, que cette cour de Versailles si exclusivement sensuelle et corrompue s'inclinait devant cette haute probité et rendait hommage à des vertus qu'elle n'avait guère soupçonnées jusqu'alors. Ainsi, il arriva qu'un opulent financier nommé Thévenin, redevable de sa fortune à M. de Ponchartrain, pendant sa direction du contrôle général des finances, vint à mourir et laissa par testament à son bienfaiteur une magnifique maison contiguë à la sienne. C'était là pour le chancelier, l'occasion d'agrandir sa demeure sans bourse délier; aussi tout le monde, le Roi lui-même, l'en félicita. Ce n'était point pourtant l'avis du légataire. N'osant pas contredire son maître, il accepta en silence le compliment et laissa dormir l'affaire; mais au bout de six semaines, alors qu'on le croyait déjà en possession, il s'ouvrit au roi franchement, lui peignit ses scrupules basés sur des motifs de moralité publique et finalement renonça au legs. Quelle leçon pour les courtisans, disons mieux pour les Ministres! Un tel acte de désintéressement fit grand bruit à la Cour et à la ville. Louis XIV ne cessait de le raconter, se donnant ainsi le malin plaisir de le faire applaudir devant lui par certains seigneurs dorés qui maudissaient en aparté un si funeste exemple.

Autant ses intérêts privés avaient peu le don d'émouvoir le chancelier, autant les intérêts publics le trouvaient gardien austère et vigilant. Ainsi on le vit, au nom du droit de l'Etat, tenir tête aux évêques de Meaux et de Chartres, qui prétendaient soustraire au contrôle de l'autorité civile la publica-

tion des livres religieux dans leurs
diocèses respectifs. L'affaire souleva des
tempêtes et ne s'arrangea, après force
débats, que par un compromis sous
l'inspiration même du monarque. Ce
fut le coup de grâce pour le chancelier
dans l'esprit de Madame de Maintenon,
qui prenant parti pour les prélats
rompit définitivement avec son ancien
protégé. Ne pouvant lui aliéner l'estime
et la bienveillance royale, elle s'appliqua
néanmoins, chaque fois que s'en présenta l'occasion, à faire ressortir des
imperfections de caractère et à ruiner
par cette voie son prestige et son influence.

Le chagrin du chancelier s'augmenta
encore de l'aversion générale dont son
fils était l'objet. Nous ne saurions
mieux faire que de reproduire le portrait du secrétaire d'Etat de la marine,
tel qu'il est tracé dans les mémoires du
duc de Saint-Simon. En tenant compte
de l'exagération habituelle de l'auteur,
on se fera une idée du modèle.

« Sa taille étoit ordinaire, son visage
long, mafflé, fort lippu, dégoutant, gâté
de petite vérole qui lui avoit crevé un
œil. Celui de verre dont il l'avoit rem-
placé étoit toujours pleurant et lui
donnoit une physionomie fausse, rude,

refrognée, qui faisoit peur d'abord, mais pas tant encore qu'il en devoit faire. Il avoit de l'esprit mais parfaitement de travers et avec quelques lettres et quelque teinture d'histoire ; appliqué, sachant bien sa marine, assez travailleur, il le vouloit paroître beaucoup plus qu'il ne l'étoit. Son naturel pervers, que rien n'avoit pu adoucir ni redresser le moins du monde, perçoit partout ; il aimoit le mal pour le mal et prenoit un plaisir singulier à en faire. Si quelquefois il faisoit du bien, c'étoit une vanterie qui en faisoit perdre tout le mérite, et qui devenoit synonyme au reproche ; encore l'avoit-il fait acheter chèrement par les refus, les difficultés dont il étoit hérissé pour tout jusque pour les choses les plus communes et par les manières de le faire, qui piquoient, qui insultoient même, et qui lui faisoient des ennemis de presque tous ceux qu'il prétendoit obliger. Avec cela, noir, traître, et s'en applaudissoit ; fin à scruter, à suivre, à apprendre et surtout à nuire. Pédant en régent de collège, avec tous les défauts et tout le dégoût d'un homme né dans le ministère et gâté à l'excès.

» Son commerce étoit insupportable par l'autorité brutale qu'il y usurpoit, et par ses infatigables questions ; il se croyoit

tout dû et il exigeoit tout avec toute
l'insolence d'un maître dur. Il s'éta-
blissoit le gouverneur de la conduite
de chacun, et il en exigeoit compte;
malheur à qui l'y avoit accoutumé par
besoin, par lâcheté! c'étoit une chaîne
qui ne se pouvoit rompre qu'en rom-
pant avec lui. Outre qu'il étoit méchant,
il étoit malin encore, et persécuteur
jusqu'aux enfers quand il en vouloit
aux gens. Ses propos ne démentoient
point les désagréments dont il étoit
chamarré. Ils étoient éternellement di-
visés en trois points et sans cesse de-
mandoit, en s'applaudissant, s'il se
faisoit bien entendre; avec qui que ce
fût, maître de la conversation, interrom-
pant, questionnant, prenant la parole
et le ton, avec des ris forcés à tout
moment qui donnoient envie de pleurer.
Une expression pénible, maussade,
pleine de répétitions avec un air de su-
périorité d'état et d'esprit qui faisoit
vomir et qui révoltoit en même temps.
Curieux de savoir le dedans et le dessus
de toutes les familles et les intrigues,
envieux et jaloux de tout, et dans sa
marine comme un comite sur ses galé-
riens. Aucun officier, même général,
même pour des riens, n'étoit à couvert
de ses sorties en pleine audience pu-

blique, et nul homme ni femme de la
Cour de ses avis d'autorité. Il disoit aux
gens les choses les plus désagréables
avec volupté, et réprimandoit durement
en maître d'école sous prétexte d'amitié
et en forme d'avis.

» Son délice était de tendre des pan-
neaux, et la joie de son cœur de
rendre de mauvais offices. En garde
surtout contre son père et sa mère et
leurs amis, et contre toutes les grâces
et tous les plaisirs qu'ils pouvoient dé-
sirer de lui, il s'en piquoit même, pour
ne pas paroître sous leur férule, au
point que le chancelier et la chancelière
s'étoient fait une règle de ne rien lui
demander ni recommander, et ne s'en
cachoient point, parce que la négative
était certaine. En général, il triomphoit
de refuser et de faire mystère des choses même les plus futiles, surtout d'être
hérissé de difficultés sur les choses qui
en souffroient le moins. L'importance
lui tournoit la tête, son ver rongeur
étoit de n'être point ministre ; d'ailleurs,
incapable de société, d'amusement, de
conversation ordinaire ; toujours plein
de ses fonctions, de ses occupations et,
avec qui que ce fût, homme et femme,
roi de ses moments et de ses heures, et le
tyran de sa famille et de ses familiers… »

Tel était le fils du chancelier. Sa
femme, au contraire, était une des personnes les plus accomplies de la cour
et se faisait aimer jusqu'à l'adoration de
la famille de son mari. Malheureusement
elle vécut peu. Voici comment le duc de
Saint-Simon raconte maintenant les
scènes qui se passèrent au château de
Pontchartrain après sa mort : « Le roi
alla coucher le 18 juin (1708) à Petit-
Bourg, et le 19 à Fontainebleau. Mme
de Pontchartrain, la belle-fille du chancelier, étoit à Paris à l'extrémité. Ma
liaison intime avec cette famille, et plus
encore l'union et l'intimité plus que de
sœurs qui étoient entre Mme de Saint-
Simon et elle, nous arrêta à Paris.

» Elle ne voyoit presque plus personne
et n'avoit de consolation qu'avec Mme
de Saint-Simon, qui n'en trouvoit
aussi qu'auprès d'elle. Il y avoit longtemps qu'une si grande perte étoit prévue. C'étoit une maladie de femme
venue de trop de couches et trop près
à près, et de trop peu de ménagements
d'abord, qui rendit tous les divers remèdes
inutiles. La patience et la douceur dont
elle ne s'étoit jamais lassée, jusqu'à être
outrée lorsqu'on pouvoit s'apercevoir
qu'elle en avoit besoin, avoit infiniment
pris sur elle et fort aigri son sang, qu'on

ne put enfin calmer ni arrêter. Soit
vérité, soit feinte, comme dans les suites
cela ne parut que trop, Ponchartrain
sentit toute la grandeur de sa perte, et
plus d'un an avant qu'elle arrivât, il
me confia que si ce malheur, qu'il ne
prévoyoit que trop, lui arrivoit, il avoit
pris le dessein de se retirer : que
dès qu'il la verroit diminuer, il tien-
droit sa démission toute prête ; que
dès que le malheur seroit arrivé,
il l'enverroit au Roi et se retireroit
aussitôt dans un petit appartement que
son père avoit à l'institution de l'Oratoire, où il passoit les bonnes fêtes ;
qu'il y demeureroit trois ou quatre mois
jusqu'à ce qu'il se fût déterminé à un
lieu et à un genre de vie qui lui convînt
et qu'il pût continuer, sur quoi il exigea
de moi un secret inviolable.

» Il seroit inutile de rapporter ici ce
que je lui dis pour détourner un homme
de son âge et chargé de famille d'une
résolution si téméraire. Je compris que
je ne gagnerois rien que par degrés.
Quoiqu'il n'eût rien que de très rebu-
tant, et que je le sentisse tel plus
souvent que personne, parce que je
le voyois plus souvent et plus inti-
mement, j'avoue que je fus dupe et
qu'il me fit pitié. Je crus que la con-

fiance de son père, qui ne me cachoit rien, ni des affaires, ni de sa famille, et qui cent fois m'avoit déposé ses douleurs sur son fils ; que celle de sa mère qui n'étoit pas moindre ; que cette intime liaison de sa femme avec la mienne ; que l'intérêt de ses enfants demandoient également de moi tous les soins possibles pour détourner une résolution qui seroit un coup de mort pour le chancelier et la chancelière, et qui seroit la perte de leur famille. Bientôt après je crus démêler qu'outre que ces sortes de résolutions sont souvent le fruit de grandes douleurs, il imaginoit en devoir une signalée à une aussi grande perte et que, privé de l'appui qu'il tiroit de la considération de sa femme, il désespéroit de pouvoir se soutenir dans la place. Ces mélanges, qui venaient de la sensibilité du cœur et de l'orgueil de l'esprit, me parurent former une résolution bien difficile à rompre. Je ne crus donc pas faire une infidélité de communiquer ce secret à Mme de Saint-Simon pour me servir de son sage conseil. Elle en jugea comme moi. Lui-même bientôt après s'en ouvrit à elle.

» La maladie qui dura encore six mois donna le temps à Pontchartrain de s'ouvrir au père de la Tour, général de

l'Oratoire, qui confessoit Mme de Pontchartrain depuis son mariage, et à
l'abbé de Maulevrier, aumônier du Roi,
grand intrigant, avec de l'esprit et de
l'ambition, grand ami des jésuites et de
M. de Cambray. Celui-ci le détourna de
se retirer à l'institution pour ne point
faire cette peine aux jésuites, auxquels
il étoit aussi livré que son père étoit
éloigné d'eux, et pour ne point donner
de soi des soupçons de jansénisme qui
pourroient attirer des affaires au père
de la Tour, lequel aussi le détermina à
s'en aller à Pontchartrain, quand le
malheur seroit arrivé, puis à différer sa
démission de quelques semaines, enfin
de quelques mois. Il y en avoit presque
deux que nous ne bougions point de
cette funeste maison, lorsque Mme de
Pontchartrain mourut enfin sur les onze
heures du matin, le 23 juin. La cour
étoit à Fontainebleau, le chancelier aussi
qui n'avait pu quitter, que sa femme
désolée alla trouver aussitôt, qui le
trouva dans la plus amère affliction,
quoique prévue de si loin. Mme de
Saint-Simon que j'avois eu le soin de détourner adroitement d'un si douloureux
spectacle, avait, malgré sa vertu, besoin
de toutes sortes de secours. Je voulus
demeurer auprès d'elle. Elle savoit où

en étoit Pontchartrain et l'importance
pour ses enfants, ou plutôt pour ceux
de son amie, d'empêcher les folies qu'il
vouloit exécuter, et me pressa tellement
de ne le point abandonner, que je
la laissai avec Mme la maréchale de
Lorges, Mme de Lauzun et ma mère,
et m'en allai sur un message pressant du
père de la Tour, le trouver chez Pontchartrain, d'où, pour abréger beaucoup
de choses, nous partîmes tous trois en
même carrosse, et Bignon, intendant
des finances, en quatrième, et nous en
allâmes à Pontchartrain. Les trois belles-
sœurs y vinrent le jour même, et peu à
peu la parenté et les liaisons y intro-
duisirent plus de monde

» Dans la situation où étoit toute cette
famille, le chancelier et la chancelière,
qui n'aimoient point les belles-sœurs avec
qui j'étois fort bien, n'avoient de confiance qu'au P. de la Tour et en moi,
et Pontchartrain, qui vouloit toujours
parler de sa retraite qui n'étoit sue là
que de nous, laissoit toute la compagnie
pour être sans cesse avec nous. Cela me
força à demeurer pour arrêter toujours
cette résolution, jusqu'à ce que, Bignon
prêt à partir pour Fontainebleau, cette
résolution lui fut confiée pour la décla-
rer au chancelier, mais sans porter de

démission. Alors voyant l'affaire entre les mains du chancelier, je m'en revins à Paris auprès de Mme de Saint-Simon, et le père de la Tour retourna à ses affaires. Ce ne fut pas pour longtemps. Le chancelier, outré de plus d'une douleur, et de colère contre son fils, sur le rapport de Bignon, m'écrivit la lettre du monde la plus touchante pour me conjurer de n'abandonner pas ce fou dans ses transports, et pour me témoigner qu'il n'avoit de ressource qu'au père de la Tour et en moi, ni de repos qu'il ne me sût à Pontchartrain. Je différai pourtant d'y retourner.

» Phelypeaux, cependant, frère du chancelier, arrivant de Bourbon, avoit été à Pontchartrain, où son neveu lui avoit parlé comme à Bignon, et l'avoit aussi chargé de déterminer son père, qui lui avoit écrit très fortement et plusieurs fois, à le laisser faire. Phelypeaux, tout apoplectique qu'il étoit revenu des eaux, ne put rien gagner sur son neveu. Il se traîna à Fontainebleau où il acheva d'effaroucher son frère par tous les détails qu'il lui rapporta, et de l'outrer contre son fils. Il m'écrivit par son frère une lettre si forte et si pressante pour retourner à Pontchartrain, que je ne pus m'en défendre, mais en même temps

si précise d'en chasser les belles-sœurs
et toute la compagnie, que je crus qu'elle
excédoit. Le fait étoit que, encore que
le chancelier travaillât avec le roi, en la
place de son fils, les affaires périssoient
faute de signatures et de manutention
ordinaire; que le roi, qui est l'homme
du monde à qui les afflictions alloient
le moins, commençoit à s'en lasser jusqu'à le trouver mauvais; que la cour
en parloit fort et blamoit en ridicule;
que ce qui s'amassoit de gens à Pontchartrain quoique parenté ou familiers,
y donnoit un air d'assemblée et de fête
tout à fait déplacé, d'appareil de spectacle, et faisoit une sorte d'amusement
à son fils qui le retenoit où il ne devoit
pas être, et qui scandalisoit par le con-
traste et le ridicule éloigné de toute la
bienséance de son état. Surtout le chancelier insistoit sur ce que son fils allât
enfin à Fontainebleau, ce qu'il s'éloi-
gnoit entièrement de faire. Phelypeaux
me fit une triste peinture de l'état où il
avoit laissé son frère sur la ruine de sa
famille et de sa fortune; et, outre la
lettre qu'il m'avoit apportée, me conjura
encore de la part du chancelier de vouloir bien retourner à Pontchartrain pour
tâcher d'en arracher son fils. A tant
d'instances, Mme de Saint-Simon

joignit ses représentations les plus fortes
de ne pas refuser un service si important
qui m'étoit demandé avec tant d'insis-
tance et de confiance. Je me résolus donc
à y retourner, mais avec le père de la
Tour, et en nous faisant précéder par
l'abbé de Maulevrier à qui le chancelier
avoit parlé très fortement à Fontainebleau, dès qu'il le sut instruit par son
fils même.

» Cet abbé qui aimoit tant à se mêler
de tout, et si principalement chez les
ministres, qui étoit sec, étoit chargé
d'essayer de ramener l'esprit de Pontchartrain aux volontés de son père, et
d'insinuer à la compagnie de s'en aller,
belles-sœurs et autres. Nous le laissâmes
partir et n'allâmes que le lendemain, le
père de la Tour et moi. Nous trouvâmes
que l'abbé, armé des ordres du père et
de la mère, ne les avoit adoucis, ni à la
compagnie, ni aux belles-sœurs même,
ni au fils. Ces trois femmes, qui igno-
roient pleinement le dessein de leur
beau-frère, ne cherchoient qu'à lui plaire,
à profiter d'une douleur qui les réunis-
soit, peut-être à le soustraire tout à fait
de père et de mère pour disposer de lui
plus à leur gré, et en tirer plus gros
qu'elles ne faisaient, bien qu'elles ne
s'y fussent jamais épargnées. Elles lui

firent des plaintes amères du traitement
scandaleux qu'elles recevoient pour
l'amour de lui.

» Pontchartrain, de longue main impa-
tient des moindres apparences de joug,
frappé de l'idée de s'unir plus étroite-
ment à ce qui étoit de plus proche à sa
femme, piqué d'honneur de plus, s'em-
porta d'une façon étrange, s'opposa net-
tement au départ, et n'eut pas peine à
arrêter des personnes qui ne vouloient
s'en aller que pour être retenues. L'abbé
de Caumartin nous vint compter l'histoire en descendant de carrosse, sur quoi
le père de la Tour et moi jugeâmes
qu'il n'étoit plus question du tout d'exécuter ce que le chancelier m'avoit pré-
cisément demandé par sa lettre et par
son frère, mais d'adoucir l'irritation que
l'abbé de Maulevrier avoit causée.

» Le père de la Tour aborda Pontchartrain, tandis que j'allai trouver les
dames. J'essuyai d'abord une sortie de
la comtesse de Roucy; je m'adressai à
Mme de Blancac comme plus liante,
mais qui, avec infiniment d'esprit et une
apparente douceur, étoit encore bien plus
fausse, et n'en alloit que mieux à ses
fins: je leur abandonnai la sécheresse
de l'abbé de Maulevrier tant qu'elles
voulurent; je leur dis que le chancelier,

qui trouvoit toujours son fils si bien
avec elles, espéroit de sa solitude un
retour nécessaire à la cour, en un mot,
je les apaisai, et leurs maris. L'abbé
de Maulevrier s'en retournoit à Fontainebleau. Je le chargeai d'une lettre pour
le chancelier en secret, qui m'en écrivit
plusieurs avec la même précaution. Les
déclamations, les désespoirs, les égare-
rements, les raisonnements sans raison
et sans fin de Pontchartrain, ses fureurs,
ses menaces et parmi tout cela ses em-
portements contre son père, uniquement
mais sans cesse partagés entre le père
de la Tour et moi, nous mettoient sans
cesse aussi à bout d'expédient, de patience
et de compassion. Je n'osais me laisser
aller au soupçon de quelque feinte. Le
père de la Tour, moins scrupuleux que
moi, m'en parla. Nous nous y confir-
mâmes. Les belles-sœurs crurent y voir
clair à des vapeurs, à des hurlements,
à des transports qui leur parurent peu
naturels. Elles s'en ouvrirent à nous.
Jusqu'aux valets l'écumèrent et ne s'en
turent pas. Quoique nous eussions ob-
tenu enfin qu'il fit des signatures pres-
sées, son père s'impatientoit cruellement.

» Il m'écrivit une lettre si vive, si tou-
chée de la perte commune, si éloquente
sur ses malheurs, si offensée contre son

fils et contre ses belles-sœurs, si rem-
plie de confiance et de reconnaissance
pour moi, que m'ayant prié en même
temps de la brûler après l'avoir montrée
au P. de la Tour, je crus qu'il étoit de
cette même confiance de la lui renvo-
yer. Je lui mandai nos pensées au P. de
la Tour et à moi, et j'obtins qu'il m'é-
crivit une lettre que je puisse montrer à
son fils, qui, sur une réponse qu'il en
avoit reçue, ne vouloit plus lui écrire.
Enfin, comme le P. de la Tour et moi
ne savions plus que devenir, un valet
de chambre de Phelypeaux m'apporta
secrètement une lettre de la chancelière,
par laquelle elle m'avertissoit qu'elle
avait pris le parti de venir elle-même,
sans que personne en sut rien que son
mari, et qu'elle arriveroit le lendemain.

« Ce parti nous plut extrêmement, au P.
de la Tour et à moi, qui fut d'avis que
je lui écrivisse pour l'instruire en chemin de la situation où elle trouveroit
les choses, et de ce que nous croyions
de la conduite qu'elle devoit tenir. Je
l'envoyai attendre par un de mes gens
fort sûr, avec ma lettre, à deux lieues
de Pontchartrain, qui l'arrêta et la lui
donna. Elle m'en a souvent bien remer-
cié depuis comme de chose qui lui avoit
été bien utile.

» Peu après le diner, il parut deux
carrosses dans la montagne qui surpri-
rent fort tout le monde, parce qu'on
ne venoit plus guère à Pontchartrain,
mais qui étonnèrent bien plus quand à
leur approche on reconnut que c'étoit
la chancelière. Une bombe eut moins ef-
frayé les belles-sœurs, qui furent sur
le point de s'aller cacher. Le P. de la
Tour et moi, seuls dans la confidence,
firent si bonne contenance que personne ne s'en douta, ni ne soupçonna
depuis que nous en sussions la moindre chose. Le P. de la Tour gagna dou-
cement sa chambre, et moi un corridor
pour voir la réception sans contrainte.
Elle fut bonne, et à la porte du cabinet qui donne dans la cour. La mère
et le fils s'enfermèrent d'abord seuls.
Phelypeaux et les deux Bignon venus
avec elle vinrent à la compagnie. Le P.
de la Tour tâcha de remettre la tête fort
étourdie aux belles-sœurs. La chancelière leur fit au mieux, et dit qu'elle
n'étoit point venue pour chasser personne, ni pour presser son fils sur Fontainebleau, mais pour être avec lui tant
qu'il demeureroit à Pontchartrain, et en
effet pour les importuner tous si bien
de sa présence et de ses compliments,
qu'elle fit finir un séjour si ridicule-

ment poussé. Cela réussit bientôt. Je donnai encore une journée à la chancelière, avec qui j'eus beaucoup d'entretiens et je m'en revins enfin à Paris pour ne plus retourner. Peu de jours se passèrent dans l'embarras que j'avais laissé. Les belles-sœurs peut-être pour se raccommoder, ou pour abréger leur ennui, furent les premières à porter leur beau-frère au départ. Il capitula sur la réception que lui feroit son père, sur la vie particulière qu'il vouloit mener à la Cour, où il ne voulait, disait-il, demeurer qu'une année. Qui l'eut pris au mot l'auroit bien fâché. Enfin tout le monde partit à la fois. La mère et le fils allèrent droit à Fontainebleau, où le chancelier se contraignit à bien recevoir son fils, mais outre de tout ce qui s'étoit passé, persuadé du peu d'affliction, et que de Pontchartrain il avoit percé jusqu'à Fontainebleau où on en parloit trop. »

En même temps qu'ils avaient édifié leur somptueuse demeure de Pontchartrain, le chancelier et sa femme avaient fondé un hôpital aux environs. Rien n'y était épargné. En outre des deux cent mille livres, consacrées à la construction et à l'ameublement, huit à dix mille livres s'y dépensaient annuellement pour le service et l'entretien des malades. Un médecin assisté de religieuses et un aumônier y prodiguaient les secours de l'art et de la religion, encouragés par les pieux fondateurs qui ne dédaignaient pas de venir en personne se rendre compte des besoins de leurs hôtes avec une charité éclairée et inépuisable.

Cette charité fut mise à une rude épreuve pendant la disette de 1709. Le chancelier et sa femme redoublèrent leurs libéralités, et comme on mourait de faim dans les campagnes, ils établirent à Pontchartrain des fours et des cuisines où, depuis le lever jusqu'au coucher du soleil, se distribuaient gratis à tout venant des soupes, du pain et de la viande cuite. La distribution se faisait avec un ordre admirable et malgré l'affluence considérable car, à certains jours, trois mille individus se présentèrent, personne ne s'en allait sans être rassasié et sans emporter même de quoi nourrir sa famille. Cette distribution dura six à sept mois; et plus, chaque jour, la distribution avait été copieuse, plus les généreux bienfaiteurs s'en applaudissaient.

Toutes ces vertus auraient dû attirer la bénédiction du ciel sur eux, et cependant bien des douleurs abreuvaient

leur existence. De nouvelles haines s'ac-
cumulaient chaque jour sur la tête de
leur fils que son humeur altière et son
peu d'aptitudes aux affaires de la marine livraient en pâture aux moins mal-
veillants. Les meilleurs amis même du
chancelier n'étaient rien moins que les
siens, et ses tortueuses intrigues pour
les Jésuites ne lui en avaient pas même
fait des défenseurs. On s'entretenait ou-
vertement de sa prochaine disgrâce et
de son remplacement. Le chancelier
qui le connaissait mieux que personne,
tremblait non seulement pour lui, mais
se voyait même entraîné dans la disgrâce
de son fils, ce qui eût ruiné toute la
famille. Empruntons encore quelques
détails à ce sujet aux *Mémoires* du duc
de Saint-Simon :

« Dans cette anxiété, raconte-t-il, il
me pressa d'un voyage à Pontchartrain
où j'allais souvent avec eux ; et là,
sans peur et sans aveuglement, il me
fit l'honneur de me consulter dans son
cabinet, où il appela la chancelière en
tiers. Là, il m'exposa ses craintes et la
matière de la consultation sans s'ouvrir,
pour me donner lieu de dire plus naturellement ce que je penserois. Il s'agissoit de savoir ce qu'il feroit si son fils
étoit chassé, et, ce qui étoit le moins

apparent, ce que feroit son fils s'il l'é-
toit lui-même, enfin quel parti prendre
s'ils l'étoient tous les deux.

» Au premier cas, mon avis fut qu'il
tendît le dos à la disgrâce ; qu'il ne
heurtât pas le public qui l'aimoit lui et
l'honoroit, mais qui éclateroit de joie
d'être délivré de son fils ; qu'il n'aug-
mentât pas le malaise que le roi prenoit avec eux qu'il jugeoit mécontents,
mais qu'il prît sur lui de l'élargir, et
sans abandonner son fils, se réservant
entier à le protéger en un autre temps ;
que, glissant sur les motifs de cette
disgrâce, il se fît un mérite de la reconnaissance de n'y être pas enveloppé, et
persuadât le roi qu'il se trouvoit bien
traité, favorisé même, d'être, en cette
occurrence, conservé entier avec les
sceaux dans tous ses conseils, par conséquent dans sa confiance ; que cette
conduite, à connoître le roi comme
nous le connoissions, le remettroit non
seulement au large avec lui, mais lui
plairoit de façon à espérer de le rapprocher comme avant que Mme de
Maintenon l'eût éloigné de lui, d'autant
plus que le fonds d'estime et de goût
étoit demeuré jusqu'à remarquer souvent la sécheresse dont le chancelier
payoit la sienne, et jusqu'à s'en être

plaint plus d'une fois ; qu'outre que
cette voie étoit celle de maintenir sa
considération, c'étoit la seule encore
qui lui pût faire espérer le retour de
son fils, soit après le roi, par Monseigneur, avec qui il était bien et dont
il demeureroit ainsi à portée, soit par
le roi même s'il venoit à se mécouten-
ter du successeur de son fils, et que
les temps changeassent à l'égard des
personnes qui auroient procuré sa disgrâce, toutes choses très possibles à
espérer du cours du temps, des révo-
lutions des cours, de son âge et de sa
santé, et auxquelles il falloit renoncer
absolument s'il se retiroit par la disgrâce de son fils, et consentir à survivre
à sa fortune et, au bien près, à voir
ses petits enfants au même point où
lui-même s'étoit trouvé en naissant.

» Quant au second cas, il ne me parut pas vraisemblable. Je ne voyois rien
de personnel contre lui qui pût aller à
lui ôter les sceaux, ni aucun candidat
qui en fût susceptible. Mais, pour cou-
ler à fond cette seconde matière, quelque peu apparente qu'elle fût, mon avis
fut que son fils ne se jetât pas volontairement lui et ses enfants dans le pré-
cipice, mais qu'il demeurât et se con-
duisît comme je venois de le lui proposer

à lui-même en cas de chute de son fils.

» Au troisième cas où, chassés tous deux, il s'agissoit de savoir si le chancelier retiendroit ou se démettroit de son office, mon avis fut encore que, même en supposant son fils chassé, il se décidât à rendre volontairement les sceaux, et à prendre le parti de la retraite, il devoit conserver l'office de chancelier. Outre que cette sorte de démission a peu d'exemple, et aucun depuis les derniers siècles, le possesseur n'en peut être dépouillé que par un jugement juridiquement prononcé pour crime. Tant qu'il le conserve, en quelque exil qu'il soit, il demeure le second officier de la couronne, le chef de la justice et, nécessairement, en considération assez pour être encore ménagé lui et sa famille. Il est toujours regardé comme pouvant revenir en première place. Rien de si peu stable que les sceaux pour qui n'en a que la garde, dont presque aucun n'est mort sans les avoir perdus ; et les perdant, c'est toujours une sorte de nouvelle violence de ne les pas rendre au chancelier. D'ailleurs, quand cela n'arriveroit pas de ce règne, il était plus que moralement sûr que cela ne seroit différé que jusqu'à l'avènement de Monseigneur à la couronne, qui l'aimoit et l'estimoit de tout temps, seroit bien aisé de le rapprocher pour avoir sous la main un chancelier et un ministre de son ancienne habitude et confiance ; et ces sortes de retours sont toujours si accompagnés de faveurs que ce nouveau crédit pourroit remettre son fils en place. Enfin, j'ajoutai que la démission ne le conduiroit qu'à marquer son dépit, ne seroit jamais prisé pour autre chose, et l'enseveliroit nécessairement dans une retraite profonde et difficile pour un homme marié, puisqu'il n'y avoit plus moyen de se montrer sans cette robe, après en avoir été revêtu, ni d'en espérer le retour par une vacance.

» Toutefois, c'étoit le goût et le vœu du chancelier qui, après m'avoir écouté, me fit sur tous les trois points agités diverses réflexions et difficultés, qui ne parurent me déranger de l'avis que je rapporte sur tous les trois. J'admirai la modestie, la défiance de soi-même, je dirai jusqu'à l'humilité d'un ancien ministre au plus haut degré de son état, plein d'esprit, de lumière, d'expérience, vouloir consulter un homme de mon âge, et avoir la docilité de l'en croire.

» Je fus encore plus surpris de la

chancelière qui, dans une grande piété,
ne laissoit pas d'aimer le monde et de
craindre la solitude jusqu'à l'avouer, et
qui, avec un excellent sens, en étoit
fort considérée, fort instruite et fort
capable de donner les meilleurs conseils. Elle ne consulta pas de moins
bonne foi que son mari et ne se récria
que sur la retraite assez grande pour
être difficile à un homme marié. Elle
ne voulut y être comptée pour rien ;
et par ce dépouillement en faveur de
l'honneur, même du seul goût de son
mari, acheva de me donner l'idée de la
femme forte.

» Nous délibérâmes de la sorte plus
de deux bonnes heures tous trois, et
la résolution conforme à mon avis en
fut la conclusion sur tous les trois
points. Qui nous eût dit alors que ce
seroit moi qui chasserois leur fils sans
retour, mais en conservant la charge au
petit-fils ? C'est ce qui se verra en son
temps. »

Heureusement les appréhensions ne se
réalisèrent pas. Pontchartrain résista à
l'orage qui grandit autour de lui et conserva son portefeuille de la marine. On
le voit même, au mois d'octobre de cette
même année 1709, arriver aux honneurs
du cordon bleu en acquérant, avec la

permission du roi, la charge de commandeur prévôt des armes.

La mort du dauphin, survenue le 14 avril 1711, réveilla toutes les craintes. Le chancelier, dès son entrée aux finances, s'était concilié son attachement et l'avait très soigneusement entretenu par l'entremise de son neveu Bignon et des autres familiers du prince défunt, tels que le valet de chambre Dumont et Mesdemoiselles de Lillebonne et d'Espinay. Si le Dauphin fût monté sur le trône, l'amitié et la distinction qu'il montrait au chancelier eussent assuré celui-ci d'être laissé à la tête des affaires et investi de la principale influence a cour, mais Monseigneur mort, tout s'assombrissait autour du chancelier. Ennemi réputé des jésuites, il était en outre fort soupçonné de jansénisme et c'était assez pour qu'il se crût perdu. Quant à son fils c'était pis encore, on l'abhorrait universellement. Malgré ses prévenances pour les jésuites, il n'avait su que les indisposer contre lui à tel point qu'au lieu de lui savoir gré de ses persécutions contre tout ce qu'il supposait atteint de jansénisme, ils ne l'imputaient qu'à son goût de faire le mal. Mme de Maintenon, quoiqu'elle eût fort prisé sa première femme et tou-

joursfortconsidéré la chancelière, n'avait
jamais pu le supporter, et la nouvelle Dauphine le tenait également
en horreur et ne s'épargnait pas à lui
nuire auprès du roi. En voici un exemple assez plaisant rapporté par le duc de
Saint-Simon. « Un jour que Pontchartrain sortait de travailler avec le roi,
elle entra du grand cabinet dans la
chambre. Mme de Saint-Simon la sui-
vait avec une ou deux dames. Elle
avisa auprès de la place où Pontchartrain avait été, de gros vilains crachats
pleins de tabac : — Eh! voilà qui est
effrayant, dit-elle au roi; c'est votre
vilain borgne; il n'y a que lui qui
puisse faire de ces horreurs-là, et de
là à lui tomber dessus de toutes les
façons. Le roi la laissa dire, puis lui
montrant Mme de Saint-Simon, l'a-
vertit que sa présence la devoit retenir. — Bah! répondit-elle, elle ne le
dira pas, mais je suis sûre qu'elle en
pense tout de même. Et qu'est ce qui
pense autrement? Là-dessus le roi
sourit et se leva pour passer au sou-
per. »

Louis XIV n'aimait pas les nouvelles
figures et ne changeait ses ministres
qu'avec peine. D'ailleurs, Pontchartrain
dont relevait le lieutenant de police,

Voyer d'Argenson, et qui en recevait
les rapports, amusait le roi par le récit
des scandales, petits et grands, et des
intrigues de la Cour et de la Ville ; il
resta donc à son poste. Disons cependant qu'ému à la fin de la réprobation
qui l'entourait, il sembla tenir quelque
compte de l'opinion publique et se
montra moins désagréable à ses administrés.

Il était veuf depuis cinq ans lorsqu'il
se remaria avec une orpheline arrièrepetite-fille du chancelier d'Aligre, nommée Hélène-Rosalie-Angélique de l'Aubespine et fille d'Etienne-Claude de
l'Aubespine, marquis de Verderonne,
sous-lieutenant des gendarmes-dauphins, tué à la bataille de Fleurus. La
noce eut lieu le 31 juillet 1713, au château de Pontchartrain. C'est encore à
Saint-Simon que nous en emprunterons
les détails. « Le chancelier, qui voyoit
avec peine la façon dont je me conduisois à l'égard de son fils, se mit dans
la tête un replâtrage pour le public et
d'exiger que j'allasse à la noce. Je m'écriai à la proposition. Il ne se rebuta
point. Je m'adressai à la chancelière,
qui, là-dessus plus raisonnable que lui,
essaya de le persuader : tout fut inutile. Il pria, pressa, conjura, se fâcha,

prit le ton d'autorité qu'il avoit sur moi.

Finalement nous capitulâmes. Je lui déclarai donc que la violence qu'il exerçoit sur moi par cette complaisance étoit une tyrannie; que je ne changerois pour son fils ni de disposition, ni de volonté, ni de projet; que je les lui réiterois même, moyennant quoi je ne voyois pas ce qu'il y avoit à gagner ni pour les uns ni pour les autres, à me traîner à une noce où, par le souvenir de sa première belle-fille, je ne pourrois être qu'affligé, et où, par ce qui s'étoit passé, il étoit bien difficile que son fils ne se trouvât fort embarrassé de ma présence, et moi au désespoir de la sienne. Je ne sais ce que le chancelier imagina, mais il me passa tout, pourvu que j'allasse à cette noce, que je visse par ci par là M. de Pontchartrain, c'est-à-dire que je ne fisse plus profession de ne point voir son fils et de lui tourner le dos partout où je le rencontrois. Il voulut peut-être lui ôter un dégoût public fort nouveau à sa place, détourner par là les remarques journalières du monde, et ses raisonnements sur une conduite à laquelle le chancelier sembloit bien consentir, puisqu'elle n'avoit rien changé dans l'intimité, ni

dans la continuité de notre commerce,
et par conséquent aggraver les torts de
son fils. Il espéra peut-être, en ôtant
cette rudesse extérieure, que le temps
nous rapprocheroit, émousseroit ma
haine, mes résolutions, mes projets ;
quoi qu'il en fût, je ne pus résister au
chancelier.

» Il n'osa exiger de Mme de Saint-
Simon la même complaisance. La mé-
moire de sa chère cousine étoit trop
avant dans son cœur pour lui permettre
de voir une cérémonie qui la lui rap-
pelleroit d'une manière si touchante.
Elle ne put même répondre à tout ce
que la nouvelle femme lui prodigua
d'avances : la place qu'elle tenoit lui
fut insupportable. Elle le lui avoua, et
ne ia vit presque point.

» Pour moi, je fus donc à la noce
comme on va à la potence. Elle fut faite
à Pontchartrain, avec un très petit
nombre de personnes. L'évêque de
Chartres, diocésain, les maria. Le chancelier et la chancelière ne cessèrent d'y
pleurer leur première belle-fille ; ils ne
s'en cachèrent pas même. Les amis et
les proches s'en contraignirent peu.
Tout le domestique ne discontinua d'être
en larmes. Ce qui s'y trouva du côté
de Mlle de Verderonne demeura dans un

sombre que les maussaderies du bel époux ne rassérénèrent pas. Jamais je ne trouvai deux jours si longs en ma vie. »

A l'occasion de ce mariage, le Roi fit don à M. de Pontchartrain de 400,000 livres pour lui aider à acheter des terres et, entre autres, le comté de Palluau en Poitou que le maréchal de Clerembault lui vendit moyennant une rente viagère.

Revenons maintenant au chancelier dont le noble caractère contrastait si étrangement avec celui de son fils. En dépit des bonnes œuvres de sa vie privée et du soin qu'il apportait dans sa vie publique à l'exercice de la justice, il n'échappait pas quelquefois à des réclamations pénibles pour son cœur. Un jour de l'année 1714 (le 12 janvier), un vice-bailly d'Alençon qui venait de perdre un procès intéressant son honneur et sa fortune, arriva à Pontchartrain et se présenta devant le chancelier comme il montait en carrosse dans la cour pour revenir à Versailles. Il s'approcha en réclamant la revision de son procès et la nomination d'un rapporteur. Le chancelier l'écoute, puis lui représente que les voies de cassation sont ouvertes de droit, que c'est le seul moyen d'arriver à une revision des jugements, puis le congédia

avec douceur et remonta en voiture. Le
plaideur, hors de lui, s'écrie alors qu'il
connaît un moyen de sortir d'embarras
et se donne en même temps deux coups
de poignard. Aux cris des domestiques,
le chancelier redescendit, fit transporter
l'infortuné au château et fit chercher
prêtre et chirurgien.

Le premier seul devenait nécessaire,
car les blessures étaient mortelles. Le
blessé se confessa et mourut une heure
après. Le chancelier, vivement impres-
sionné de cet événement, rentra tout
troublé à Versailles où la fièvre le prit
et le retint au lit plusieurs jours.

Depuis longtemps la chancelière donnait des inquiétudes. Elle était affectée
d'un asthme qui avait dégénéré en hy-
dropisie de poitrine. Elle seule ne se faisait aucune illusion sur son état. Pré-
voyant sa fin prochaine, elle se confina
dans ses appartements, ne recevant plus
que sa famille et quelques amis intimes.
Au bout de quelques mois passés ainsi,
faisant l'admiration de tous par sa piété
et la patience avec laquelle elle suppor-
tait ses souffrances, elle s'éteignit le 13
avril 1714. On ne peut se figurer les
regrets qui accompagnèrent cette sainte
femme dans la tombe. La charité fut sa
vertu dominante. Jusqu'à son dernier

moment elle avait poursuivi l'œuvre de toute sa vie, d'être toujours en quête de pauvres honteux auxquels elle constituait des pensions, de gentilshommes sans fortune auxquels elle trouvait des emplois, de demoiselles dans le dénuement et par conséquent exposées aux séductions, qu'elle mariait ou qu'elle faisait religieuses selon leur vocation, et tout cela dans le plus grand secret. Elle possédait en outre à Versailles une communauté où trente à quarante jeunes filles du peuple étaient élevées à ses frais; on les mettait en état de gagner leur vie, puis la chancelière les dotait presque toujours lorsqu'elles étaient en âge de se marier.

Rien ne saurait peindre le chagrin du chancelier. Il se confina quinze jours chez les Pères de l'Oratoire, dans un petit appartement qui lui servait les jours où il faisait ses dévotions, et y prit secrètement des mesures pour l'exécution d'un dessein qu'il nourrissait depuis longtemps. C'était de se retirer des affaires et de vivre dans la retraite afin de mettre, disait-il, un intervalle entre la vie et la mort. Sa femme, confidente de cette pensée, lui avait fait promettre que, s'il y persistait, il prendrait au moins six semaines pour y réfléchir à dater du jour de son veuvage. Ce terme arrivé, il en parla au Roi dont la surprise fut extrême, car il n'y avait pas jusqu'ici d'exemple qu'un chancelier se fût démis. Si les menées de Mme de Maintenon et le jansénisme du chancelier avaient refroidi Louis XIV à son égard, l'annonce d'une séparation réveilla l'ancienne affection de ce monarque, et il la manifesta dans toute son étendue. Le Roi n'omit pour le retenir aucune instance, aucun témoignage d'estime, de tendresse même, mais le trouva ferme et déterminé. Alors il se rabattit à lui demander d'attendre et de réfléchir encore pendant quinze jours.

Ce terme finit avec le mois de juin.

Le dimanche 1ᵉʳ juillet le chancelier assista au Conseil, mais rien de ses projets, à ce que dirent les ministres présents, ne parut ni dans sa manière d'être ni sur son visage. A l'issue du conseil, il resta seul avec le roi, qui, à bout d'efforts, dut enfin lui rendre la liberté après laquelle il soupirait.

Personne n'ajoutait foi au bruit qui s'était répandu d'un événement si extraordinaire, lorsque dès le lendemain 2 juillet 1714, au moment où le roi venait de rentrer après la messe, on vit arriver le chancelier en chaise à la porte du petit salon situé entre l'appartement

du roi et celui de Mme de Maintenon,
pour entrer chez le roi avec la cassette
des sceaux à la main. Alors on ne doute
plus et un concert de louanges s'éleva
au milieu de la consternation générale.
Une dernière fois, le monarque fort
attendri le combla de marques d'estime et de regrets et lui fit promettre de
le venir voir de temps en temps. Sans
qu'il lui demandât rien, il lui donna
une pension de trente-six mille livres
avec la conservation du rang et des
honneurs de chancelier et à deux de ses
secrétaires qu'il avait recommandés aux
bontés royales chacun une pension de
deux mille livres.

La nouvelle s'était bien vite propagée
dans Marly, et tout ce qu'il y avait
d'hommes accourut sur le passage du
chancelier qui sortit de chez le roi sans
paraître en rien différent de son ordinaire, saluant à droite et à gauche,
mais sans parler à personne. Il se rassit
dans sa chaise, gagna son pavillon où
son carrosse l'attendait et reprit la route
de Paris. Il partagea alors son temps
entre la prière et les bonnes œuvres,
plus grand encore, dit le président Hé-
nault, « par sa généreuse retraite que
» par les importants emplois qu'il rem-
» plit avec des talents supérieurs ».

Revenons maintenant à M. de Pontchartrain. Le roi venait de mourir et le régent s'occupait de former les divers conseils. En ne voyant son nom sur aucune liste, le secrétaire d'Etat conçut des inquiétudes et mit en campagne ses deux protecteurs, M. d'Effiat et le maréchal de Bezons. Ceux-ci travaillèrent avec ardeur à son maintien, mais bientôt à bout de forces devant une aussi rude tâche, ils firent venir son père à qui, ils procurèrent une audience secrète du duc d'Orléans. L'ex-chancelier, d'ailleurs fort considéré du prince, parla si éloquemment qu'il gagna la cause. Son fils conserva le ministère et entra même quelque temps après au Conseil de régence, mais sans voix délibérative.

Abrité désormais sous la considération de son père et la protection de ses deux amis, Pontchartrain vivait avec assurance, cramponné à sa position, mais avec un rôle plus qu'amoindri. Au Conseil de régence, il était réduit à un mutisme complet en présence du comte de Toulouse et du maréchal d'Estrées qui s'étaient emparés de la marine et s'amusaient à le laisser dans l'ignorance de ce qui s'y passait. Personne ne s'occupait de lui pendant les séances du Conseil et il n'y exerçait en réalité d'au-

tres fonctions que celles qu'il s'était
données lui-même de moucher les bougies, insensible à l'humiliation de se
voir tenu si loin de sa splendeur et de
son autorité passées. Comme tout le
monde, le régent s'extasiait de cette patience, mais attendait qu'elle se lassât.
Vaine attente ! le dégoût remplaça alors
la pitié et le duc de Saint-Simon se
chargea d'en finir. Voici le récit qu'il
fait lui-même de sa conduite en cette
circonstance :

« J'allai le dimanche 3 novembre
chez M. le duc d'Orléans à Vincennes,
avant le conseil de régence qui se tenait
le matin, et je lui demandai s'il ne se
lassoit point d'y voir Pontchartrain ne
pouvant dire un mot, écoutant tout, à
qui personne ne parloit et mouchant le
soir les bougies ; s'il ne feroit point ces-
ser ce ridicule pour le Conseil même ;
combien encore il avoit résolu de nous
laisser dégoûter et salir par cette arai-
gnée venimeuse que chacun souhaitoit
dehors, et qu'il étoit par trop indécent
d'y laisser après les affronts fondés et
réitérés qu'il y avoit reçus sur sa gestion
de la marine, par les mémoires détaillés
et prouvés que le maréchal d'Estrées
et, après lui, le comte de Toulouse avoient
lus et commentés en plein Conseil de-

vant nous tous en sa présence et en
celle de Pontchartrain, qui, depuis deux
mois, n'avoit pu trouver rien à y op-
poser. J'ajoutai l'indignation publique
contre cet ex-bacha, la surprise générale
qu'il fût souffert si longtemps, et l'ap-
plaudissement universel que recevroit
sa chute. Le régent convint de tout, mais
il m'opposa le père, et me dit qu'il
n'avoit pas le courage de lui donner un
si grand déplaisir.

Je lui répondis que, s'il vouloit, je
lui fournirois un moyen de chasser le
fils et que le père encore lui seroit
très sensiblement obligé. Le régent fort
surpris me demanda comment je ferois
cela. Alors je lui proposai d'ordonner
à Pontchartrain de donner la démission
pure et simple, et à l'instant, de sa
charge de secrétaire d'Etat, de la donner
sur-le-champ à Maurepas son fils aîné
qui, n'ayant guère que quinze ans, ne se
trouvoit pas à portée d'exercer le peu
qui en restoit ; d'en charger La Vrillère
à qui cela n'ajouteroit pas une demi-
heure de travail par semaine, et de
faire valoir au père la singularité de ce
présent, et l'attention de le mettre en
dépôt, en attendant l'âge du jeune
homme, entre les mains d'un parent
de même nom, très attaché au père,

et qui, étant lui-même secrétaire d'Etat, ne pouvoit être tenté d'embler cette charge. Le régent ouvrit les yeux et les oreilles bien larges à cet expédient et l'approuva. Je lui dis que, puisqu'il le goûtoit, rien n'empêchoit de l'exécuter dès le lendemain. Il y consentit encore, mais il voulut que je fisse sa lettre au père et que je la lui apportasse dans l'après-dînée même de ce dimanche au Palais-Royal.

Je n'eus garde de faire le difficile. Je voulois serrer la mesure et le secret, je me souvenois de ce qui avoit déjà sauvé Pontchartrain une fois, au moment que je le comptois perdu ; son père étoit à Paris, et je craignois que quelqu'un n'eût le vent de ceci et le temps de rompre mes mesures.

» Nous nous en allâmes tous dîner à Paris au sortir du conseil ; je fis la lettre de M. le duc d'Orléans au chancelier, tendre, honnête, pleine d'estime et de considération. J'y en fis valoir la marque sans exemple de laisser la charge dans sa famille, non en survivance, mais en titre, à un homme de quinze ans, avec la précaution que je viens d'expliquer sur La Vrillère qui le formeroit et lui apprendroit le métier, et je finissois par lui dire bien ferme que

devant être content pour sa personne et
pour sa famille, et le parti en étant fer-
mement pris, son Altesse Royale vouloit
que, dans la matinée du lendemain
lundi, son fils donnât sa démission pure
et simple, chez son père, à l'Institution ; que l'abbé de Thésut s'y trouveroit pour la lui apporter avant midi, et
La Vrillère pour que tout s'y fît en règle,
et pour expédier les provisions de la
charge au jeune Maurepas dans l'après-
dînée du même jour, et le mener
remercier le roi; surtout que ne voulant point être fatigué de prières inutiles, il lui défendoit de le venir trouver, de lui écrire et de lui faire parler
par qui que ce fût, avant que tout fût
consommé : démission, provisions, etc.
Je portai ce projet de lettre tout fait au
Palais-Royal tout de suite. M. le duc
d'Orléans n'y changea rien ; je dictai la
lettre, il l'écrivit de sa main, la signa,
la cacheta, y mit lui-même le dessus
et me la remit pour la rendre.

» Il manda aussitôt La Vrillère et
l'abbé de Thésut, à qui sous le secret il
donna ses ordres, en sorte que nous
n'eûmes plus qu'à les exécuter.

» Le lendemain matin, sur les huit
heures et demie, j'envoyai la lettre de
M. le duc d'Orléans, enfermée dans

une enveloppe cachetée où je mis le dessus, au chancelier de Pontchartrain, et lui mandai que je serois incontinent après chez lui. Je ne voulus pas être le porteur moi-même, et je laissai une demi-heure d'intervalle exprès.

» Comme j'allois chez lui, je rencontrai La Vrillère à la porte Saint-Michel qui en revenoit. Nous arrêtames, il monta dans mon carrosse où je lui demandai ce qu'il pensoit faire de s'en revenir ainsi. Il me conta la surprise et la douleur du père qui convenoit bien que son fils méritoit sa disgrâce, et que la grâce faite à son petit-fils était infinie, mais qu'il étoit père et voyoit son fils perdu.

» Nous arrivâmes chez le chancelier, qui se promenoit seul dans son cabinet. Dès qu'il m'aperçut : « Ah! voilà de vos coups, s'écria-t-il, je reconnois votre main ; vous chassez mon fils, et vous sauvez son fils pour l'amour de moi et de sa mère ; vous m'aviez bien promis que vous perdriez mon fils.

» Quand il fut un peu calmé, je lui fis remarquer que c'étoit le salut de sa famille, parce qu'il étoit impossible que son fils subsistât encore longtemps, et qu'étant chassé, personne n'auroit imaginé de faire passer sa charge à un homme de l'âge de son fils. Il en convint, m'embrassa encore tendrement, puis nous parlâmes assez confusément, pour battre, pour ainsi dire, la campagne...

» En m'en retournant, je rencontrai Pontchartrain qui alloit fort vite chez son père. Il avoit l'air fort effaré. La Vrillère me conta l'après-dînée qu'il étoit demeuré fort abattu, et point du tout consolé par la fortune de son fils. Il n'osa pas faire la moindre difficulté en présence de son père et de l'homme de M. le duc d'Orléans, qui reçut entre onze heures et midi cette démission par l'abbé de Thésut.

» Cette nouvelle répandit la joie dans Paris, et après dans les provinces. Chacun se disoit qu'il y avoit longtemps que cela auroit dû être fait ; quelques-uns demandoient s'il en seroit quitte pour sa démission. On fut surpris de la disposition de la charge, qui rehaussa autant la considération du chancelier de Pontchartrain qu'elle accabla son fils par son ignominie purement personnelle et si parfaitement et si universellement applaudie.

» Depuis ce moment, Pontchartrain demeura obscur au fond de sa maison, abandonné de plus en plus. Cet ex-bacha si rude et si superbe occupe son néant à compter son argent et en semblables misères, et n'a presque plus paru nulle part depuis, qui est ce qu'il a fait de mieux. »

La déconsidération du fils ne retombait en rien sur le père et l'ex-chancelier en eut une preuve bien frappante qui vint le trouver au fond de sa retraite. Un jour de l'année 1716, le maréchal de Villeroy, gouverneur du jeune Louis XV et qui s'était toujours montré l'ami du chancelier, conduisit le roi visiter l'Observatoire. Désireux d'habituer son élève à honorer la vertu, il profita de ce qu'il fallait, au retour, passer devant les Pères de l'Oratoire, pour lui montrer un homme qui, encore dans la force de l'âge et au comble des honneurs et de la fortune, s'était volontairement dérobé aux choses de ce monde pour ne plus s'occuper que de celles de l'autre. En conséquence, il fit prévenir le chancelier que Sa Majesté se proposait de lui faire visite. Étonné, mais toujours modeste, le noble vieillard eut soin de se trouver sur sa porte au passage du cortège. Les instances pour empêcher le jeune monarque de mettre pied à terre, restèrent vaines, mais à force d'esprit et de respectueuse opiniâtreté, il réussit à ce que la visite, qui ne dura pas moins d'un quart d'heure, se passât dans la rue. Comblé des plus précieux témoignages de la part du jeune monarque, il le vit avec joie remonter dans son carrosse, puis rentra bien vite dans sa chère thébaïde où son parfait renoncement aux honneurs de ce monde lui fit bientôt oublier l'insigne honneur dont il venait d'être l'objet. « Tout le monde » qui le sut, dit un contemporain, l'ad- » mira et loua fort aussi le maréchal » de Villeroi d'une pensée si honnête » et si convenablement exécutée. »

En dépit d'anciennes haines de famille, il existait une grande intimité entre le chancelier de Ponchartrain et son cousin Louis Phelypeaux, marquis de la Vrillère, secrétaire d'Etat, qui exerçait pour la marine jusqu'à ce que le jeune Maurepas fût en âge de se livrer aux affaires. Ces relations donnèrent au chancelier l'idée d'un mariage qui devait les cimenter et réunir les deux branches de la famille. Le 19 mars 1718 fut bénie l'union de Jean-Frédéric Phelypeaux, comte de Maurepas, avec sa cousine Marie-Jeanne Phelypeaux de la Vrillère et le 30 du même mois, par une faveur toute spéciale du roi, le jeune ministre entrait en exercice avec dispense d'âge.

Les dernières années de la vie du chancelier furent troublées par des infirmités qui exigeaient des soins impossibles dans un monastère. Il se fit alors transporter dans le château de Pontchartrain et y expira entre les bras de son fils le 22 décembre 1727, à dix heures du matin, dans la 85ᵉ année de son âge. Conformément à ses dernières volontés, ses restes furent transportés à Paris et déposés auprès de ceux de sa femme, sans aucune pompe, dans le caveau de famille à Saint-Germain-l'Auxerrois.

Il existe au musée de Versailles trois portraits du chancelier de Pontchartrain

Voilà enfin le fils du chancelier maître absolu du château paternel. Il y vient chaque année, seul, abattu, rongé de jalousie et de dépit contre tout le monde, même contre son fils qui perce déjà et se fait aimer par son affabilité et sa distinction. Renfermé dans ce cabinet où s'étaient méditées les bonnes œuvres du chancelier et de sa femme, il compte ses écus et songe aux nouvelles vexations dont il pourra gratifier ses vassaux. Quant aux indigents, les grilles toujours fermées les tiennent à distance. Plus de secours d'argent, plus de vivres : Pontchartrain est désormais une terre inhospitalière, et l'hospice lui-même verrait les malades dénués de soins et de secours si les sages prévisions des fondateurs n'y avaient pourvu d'avance.

Pontchartrain traîna sa déplorable existence jusqu'au 17 février 1747 et expira fort oublié et nullement regretté.

Il existe de lui au château de Versailles un buste du temps, qui décorait autrefois l'hôtel de la Marine de cette ville.

Voici quels furent ses enfants :

Du premier lit :

1° Louis-François Phelypeaux, comte de Maurepas, né le 9 mai 1700 et mort à l'âge de huit ans.

2° Jean-Frédéric Phelypeaux, comte de Maurepas, né en 1702, d'abord chevalier de Malte de minorité, puis secrétaire d'Etat. Nous aurons bientôt à parler de lui comme successeur de son père dans la possession du château de Pontchartrain.

3° Paul-Jérôme Phelypeaux, marquis de Chefboutonne, appelé d'abord le chevalier, puis le marquis de Pontchartrain, né le 25 avril 1703, reçu au mois d'août suivant chevalier de Malte

de minorité, commença la carrière militaire par le grade de sous-lieutenant
des gens-d'armes de la Reine qu'il
obtint le 1er février 1719. Il fut ensuite
capitaine-lieutenant aux gens-d'armes
anglais le 12 septembre 1726, brigadier
en 1734; maréchal de camp, lieutenant
général des armées du Roi et au gouvernement de la Rochelle, d'Aunis, etc.,
et inspecteur général de la cavalerie,
grade dont il se démit le 28 septembre
1754 pour prendre le gouvernement des
ville et château de Ham.

4° Charles-Henri Phelypeaux, reçu
comme ses frères, chevalier de Malte au
berceau, embrassa l'état ecclésiastique,
obtint l'abbaye de Royaumont, ordre
de Cîteaux le 24 novembre 1728 et fut
reçu docteur en théologie de la faculté
de Paris le 2 avril 1732. Il n'avait
encore que vingt-huit ans lorsque le
Roi lui donna l'évêché de Blois le 23
mai 1734, mais il mourut un mois après.

5° Marie-Françoise-Christine, née le
17 janvier 1698, morte le 21 septembre
1701.

Et du second lit :

6° Marie-Louise-Rosalie, née au mois
de juin 1714, mariée le 12 mai 1729 à
Maximilien-Emmanuel de Watteville.

7° Hélène-Angélique-Françoise, née au

mois de mai 1715, dame du palais de la
Reine, mariée le 18 décembre 1730 à
Louis-Jules de Mazarin-Mancini.

Nous verrons plus tard sa fille hériter
du domaine de Pontchartrain.

Jean-Frédéric Phelypeaux, comte de
Maurepas, avait quarante-six ans lorsqu'il recueillit la succession paternelle
dont faisait partie le château de Pontchartrain et les vastes terres qui en dé-
pendaient.

Commençons par reproduire le portrait que trace Marmontel de cet homme
d'Etat :

« Superficiel et incapable d'une ap-
plication sérieuse et profonde, mais doué
d'une facilité de perception et d'intelligence qui démêlait en un instant le nœud
le plus compliqué d'une affaire et sup-
pléant dans les conseils par l'habitude
et la dextérité à ce qui lui manquait
d'etude et de méditation. Accueillant et
doux, simple et insinuant, flexible, fer-
tile en ruses pour l'attaque, en adresse
pour la défense, en faux-fuyants pour
éluder, en détours pour donner le change,
en bons mots pour démontrer le sérieux
par la plaisanterie, en expédients pour
se tirer d'un pas difficile et glissant ; un
œil de lynx pour saisir le faible ou le
ridicule des hommes, un art impercep-

tible pour les attirer dans le piège ou
les amener à son but, un art plus re-
doutable encore de se jouer de tout et
du mérite même quand il voulait le dé-
précier ; enfin l'art d'égayer, de simpli-
fier le travail du cabinet, faisaient de
Maurepas le plus séduisant des ministres. »

Ce portrait, tracé par un de nos écri-
vains les plus élégants, et peut-être le
plus véridique, est d'une ressemblance
parfaite ; mais il y manque un trait
attesté par beaucoup d'autres contem-
porains qui explique cette indifférence,
cette sécheresse de cœur qu'on a reproché
à M. de Maurepas au milieu de toutes
ses qualités aimables. On le soupçonnait
d'avoir été privé par la nature de ce
ressort organique qui est chez les autres
hommes, le germe des tendres affections
et des vives passions comme aussi le mo-
bile des actions chevaleresques, et dans
sa façon de vivre avec sa femme on démêlait bien sous les dehors d'une parfaite entente conjugale certaine étude à
la dédommager.

Saint-Simon disait à ce sujet : « Il a
eu le bonheur de trouver une femme à
souhait pour l'esprit, la conduite et l'u-
nion et d'en faire le leur, l'un et l'autre.
Je ne puis plus trouver que ce soit un

malheur pour eux de n'avoir point d'enfants. »

M. de Maurepas fut reçu membre de l'Académie royale des sciences en 1720, honneur qu'il dut à son zèle pour notre marine et aux expéditions scientifiques dont il fut un habile et intelligent promoteur. Le roi l'autorisa à porter le cordon bleu en lui faisant acquérir le 26 mars 1734 la charge de greffier commandeur des Ordres dont il se démit ensuite, pour acheter celle de Grand Trésorier le 2 août 1736. Cette même année le vit nommer membre honoraire de l'Académie des Inscriptions et Belles-Lettres.

Nommé ministre d'Etat le 9 janvier 1738, c'est surtout de ce moment qu'il put donner essor à ses éminentes qualités et faire bénir son nom dans une situation où tant d'autres ne recueillent que des haines, mais il se perdit néanmoins par sa légèreté d'esprit et son goût pour la satire.

Tant que Louis XV avait respecté les mœurs publiques par sa conduite privée, les ministres avaient joui d'une faveur sans partage, mais leur prépondérance avait bien décliné sous le règne des maîtresses ; de là, des murmures, des plaisanteries et même de la résis-

COMTE DE MAUREPAS

tance aux volontés de la favorite. Déjà
madame de Châteauroux n'avait pas eu
à se louer de M. de Maurepas dont elle
se vengeait en l'appelant M. Faquinet,
mais ce fut bien pis lorsque lui suc-
céda une petite bourgeoise odieuse à la
famille royale. Madame de Pompadour
avait offert au Roi le jour de sa fête un
superbe bouquet de roses blanches qui
inspira cette sanglante épigramme contre
la favorite :

> La marquise a bien des appas,
> Les traits sont vifs, les grâces franches,
> Et les fleurs naissent sous ses pas;
> Mais hélas! ce sont des fleurs blanches.

Cette femme dont la beauté était toute
la fortune, pardonnait plus aisément un
outrage à ses mœurs qu'un soupçon
sur ses charmes. La marquise demanda
impérieusement vengeance et on la lui
promit. L'auteur étant inconnu, les
soupçons s'égarèrent et finirent par tomber sur le duc de Richelieu qui, dans
une explication avec le roi, s'engagea à
fournir la preuve de son innocence. En
effet, il corrompit à prix d'or des valets
de Maurepas et se procura l'original
écrit de la main du ministre. Le cou-
pable, une fois dévoilé, ne tarda pas à
être puni. Il dut d'abord se démettre
de sa charge de secrétaire d'Etat le

24 avril 1749 et, au mois de novembre suivant, de celle de Grand Trésorier des ordres, puis on l'exila à Bourges et ensuite dans ses terres à Pontchartrain.

M. Rouillé qui n'avait jamais rien connu des ports, eut le département de la Marine, ce qui fit dire plaisamment qu'on donnait la Marine à conduire par un roulier.

Les jouissances d'une grande fortune et la réunion d'amis restés fidèles lui composaient encore, dans cette délicieuse retraite, une sorte de cour qui lui retraçait une image de sa grandeur passée. Aussi parut-il soutenir sa chute avec fermeté. « Le premier jour, disait-il, j'étais piqué; le second jour, j'étais consolé. » On peut croire à cette parole qui peint à merveille ce caractère. Ce fut ainsi qu'il passa vingt-cinq années de sa vie, conservant toutefois un certain crédit dans le ministère où son beau-frère La Vrillère lui avait succédé, se mêlant toujours de petits intérêts de famille, spectateur tranquille de grands événements où il ne jouait plus de rôle dangereux, et se moquant avec une joie maligne des personnages qui tombaient comme lui avant le dénouement de la pièce.

Non seulement la mort de Louis XV

mit un terme à l'exil de Maurepas, mais
elle le ramena au pouvoir. Le mépris
qu'il avait hautement proféré pour le
règne des courtisanes et en même temps
son expérience des affaires devaient le
signaler tout d'abord à un jeune roi
élevé dans les principes d'une morale
austère et se défiant de ses propres
lumières.

Tel fut aussi l'avis du conseil de famille. Le comte de Maurepas fut mandé
à Versailles et accueilli comme un ami.
On le logea au château, au-dessus de
l'appartement de Sa Majesté. Ministre
sans portefeuille, il présidait le conseil
d'État, et les autres ministres allaient
travailler avec lui. Mais ce n'était plus
l'homme de la situation. Les idées nouvelles, les remontrances des parlements,
la misère publique engendraient des
besoins que M. de Maurepas, imbu de
vieux préjugés et de fausses maximes
gouvernementales, n'était point apte à
comprendre et encore moins à satisfaire.
Turgot, puis Necker, présentés par lui
au roi comme devant conjurer le péril,
ne furent pas plutôt à l'œuvre qu'ils
s'aperçurent que le Ministre dirigeant
était peu disposé à les soutenir dans
leur pénible tâche. La disgrâce de
Necker fut le dernier acte ministériel

du comte de Maurepas. Il tomba ma-
lade et ne souffrait plus qu'on lui par-
lât d'affaires. Le roi, toujours sous le
charme, vint en personne lui faire part
de la naissance du Dauphin, *l'annoncer à
son ami et s'en féliciter avec lui ;* ce furent
ses propres expressions.

Cette maladie de M. de Maurepas dura
six mois au bout desquels il mourut,
en 1781, âgé de quatre-vingts ans, lais-
sant à coup sûr moins de regrets que
s'il se fût contenté de la première phase
de sa vie politique. Ces honneurs furent
rendus à ses mânes et Condorcet, le
secrétaire de l'Académie des sciences,
prononça son éloge.

Empruntons encore à Marmontel
quelques traits saillants et vrais sur
M. de Maurepas : « S'il n'avait fallu,
dit-il, qu'instruire un jeune roi à ma-
nier légèrement et adroitement les affaires, à se jouer des hommes et des
choses et à se faire un amusement du
devoir de régner, Maurepas eût été,
sans aucune comparaison, l'homme
qu'on aurait dû choisir. Peut-être avait-
on espéré que l'âge et le malheur auraient donné à son caractère plus de
solidité, de constance et d'énergie ;
mais naturellement faible, indolent,
personnel, aimant ses aises et son re-

pos, voulant que sa vieillesse fût ho-
norée mais tranquille, évitant tout ce
qui pouvait attrister ses soupers ou
inquiéter son sommeil, croyant à peine
aux vertus pénibles et regardant le pur
amour du bien public comme un dupe-
rie ou comme une jactance, peu jaloux
de donner de l'éclat à son ministère, il
faisait consister l'art du gouvernement
à tout mener sans bruit, en consultant
toujours les considérations plutôt que
les principes, Maurepas fut dans sa vieillesse ce qu'il avait été dans ses jeunes
années, un homme aimable, occupé de
lui-même et un ministre courtisan. Une
attention vigilante à conserver son ascendant sur l'esprit du roi et la prédo-
minance dans les conseils, le rendait
jaloux des choix même qu'il avait faits;
et cette inquiétude était la seule pas-
sion qui, dans son âme, eut de l'acti-
vité. Du reste, aucun ressort, aucune
vigueur de courage ni pour le bien ni
pour le mal ; de la faiblesse sans bonté,
de la malice sans noirceur, des ressen-
timents sans colère, l'insouciance d'un
avenir qui ne devait pas être le sien,
ayant peut-être assez sincèrement la
volonté du bien public, lorsqu'il le
pouvait procurer sans risque pour lui-
même, mais cette volonté aussitôt re-

froidie, dès qu'il y voyait compromis son crédit ou son repos : tel fut jusqu'à la fin le vieillard qu'on avait donné pour guide et pour conseil au jeune roi. »

On a publié un ouvrage intitulé : *Mémoires du comte de Maurepas*. C'est un recueil de pièces à lui attribuées et que son secrétaire, nommé Sallé, est supposé avoir rassemblées sous ses ordres pendant son exil à Pontchartrain.

A défaut d'enfants, M. de Maurepas ne laissait d'autre héritier qu'une nièce, fille de sa sœur consanguine, Hélène-Angélique-Françoise. Ainsi que nous l'avons dit plus haut, cette dernière avait épousé Louis-Jules Mazarin-Mancini, duc de Nivernais. De ce mariage était né, le 27 septembre 1742, une fille nommée Adélaïde-Diane-Hortense-Delie Mazarin-Mancini, qui se maria le 28 février 1760, à Louis-Hercule-Timoléon duc de Cossé, alors colonel au régiment de Bourgogne-cavalerie, fils de Jean-Paul-Timoléon de Cossé, duc de Brissac, pair et maréchal de France, gouverneur de Paris, et de Marie Durey de Sauroy. Cette duchesse de Cossé remplaça la duchesse de Villars en qualité de dame d'atours de la Dauphine au mois de septembre 1771. Ce fut elle qui, en qualité de nièce du comte de Maurepas, hérita du château de Pontchartrain.

Né le 15 février 1734, le duc de Cossé, fut d'abord capitaine de dragons, puis guide des gendarmes d'Aquitaine en 1754, capitaine commandant des cent-suisses de la garde du Roi, et gouverneur de Paris en 1775. Il fut chevalier des Ordres en 1776, maréchal de camp en 1780, grand panetier de France, duc et pair après la mort de son père, en 1781.

Le duc et la duchesse de Brissac avaient une fille unique nommée Adélaïde-Pauline-Rosalie, née le 23 janvier 1765. Ils la marièrent le 28 décembre 1782 avec Victurnien-Jean-Marie de Rochechouart, duc de Mortemart, pair de France, veuf en premières noces de Anne-Catherine-Gabrielle d'Harcourt-Lillebonne.

Attaché de toute la force de sa conviction, de toute l'ardeur de son dévouement à la monarchie que ses ancêtres avaient loyalement servie, le duc de Brissac fut choisi, au mois d'août 1792, par Louis XVI et par Marie-Antoinette pour commander leur garde constitutionnelle. Il fallait plus que du courage pour accepter, pendant ces jours gros de tempêtes, un emploi aussi périlleux ;

geôlier ou martyr, telle était l'alternative.
Brissac n'hésita pas; heureux de faire à
ses convictions le sacrifice de sa vie, il
regarda le péril en face et l'accepta avec
toutes ses conséquences, et quand ses
amis, s'effrayant pour lui de son dévouement aux membres de la famille
royale, cherchaient à le rappeler aux
soins de sa sûreté : « Je ne fais, répondait-
il, que ce que je dois à leurs maîtres et
aux miens. Par l'heureuse influence de
son zèle, des jeunes gens restés étrangers à l'effervescence des idées nouvelles, d'anciens mousquetaires, d'anciens
gardes du corps, éloignés du service par
la persécution du serment, furent ins-
crits sur les cadres de la légion constitutionnelle, et la reine, au milieu de ces
braves restés fidèles, put se convaincre,
en versant des larmes et en serrant la
main de leur vénérable chef, que tous
les cœurs ne lui étaient pas fermés.
Si son titre de gentilhomme avait
déjà rendu le duc de Brissac suspect à
la Révolution, son attitude respectueuse
envers la famille royale acheva de le
perdre. En effet, l'organisation de la
légion n'était pas complète que les jaco-
bins la firent licencier, sous prétexte de
son peu d'attachement à la constitu-
tion. En même temps, Brissac fut dé-

crété d'accusation. Tout baigné des
pleurs de Louis XVI, on le transféra
à Orléans. Il fut ensuite ramené à Paris,
puis conduit le 9 septembre suivant à
Versailles où le peuple le massacra au
moment où les voitures qui transpor-
taient les prisonniers arrivaient dans la
cour de l'Orangerie. Brissac était vigou-
reux et plein d'énergie. Il opposa à
ses bourreaux une résistance désespérée
et ne cessa de disputer sa vie que, lorsque blessé mortellement d'un coup de
sabre qui lui abattit la mâchoire et lui
ouvrit la gorge, il n'offrit plus, même
aux yeux de ces cannibales, qu'un objet
d'horreur et de pitié.

On n'a point assez parlé, dans les relations contemporaines, de la mort du
duc de Brissac ; heureusement la poésie
a réparé cet oubli de l'histoire et l'abbé
Delille a célébré en beaux vers, dans
le 3e chant du poème de la Pitié, son
dévouement, ses vertus, son héroïsme et
sa fin funeste :

> Je ne t'oublierai point, toi dont l'âme sublime
> Gardait un cœur si pur sous le règne du crime,
> O guerrier magnanime, et chevalier loyal
> Digne héritier d'un sang ami d'un sang royal
> . . . .

La duchesse de Cossé-Brissac survécut à son mari et eut le bonheur d'é-

chapper aux horreurs de la révolution. Elle est morte le 2 février 1818.

Le château de Ponchartrain n'eut pas énormément à souffrir des excès de la Révolution ; il fut visité par des bandes qui mutilèrent des statues du parc, mais le château lui-même fut relativement respecté.

Nous avons trouvé dans les archives des musées du Louvre le procès-verbal d'une visite faite pendant la période révolutionnaire par le citoyen Duplessis, Directeur du Conservatoire des arts du département de Seine-et-Oise ; cette pièce nous montre assez bien la situation du château pendant ces temps troublés :

« Le 14 frimaire, l'an V de la République une et indivisible, le citoyen Duplessis. directeur du Conservatoire des arts du département de Seine-et-Oise, accompagné du citoyen Fayolle, chargé du rassemblement des objets de science, et du citoyen Damorin..... du Muséum, ayant sur le passage, en retour de Montfort, la maison de Pontchartrain dans laquelle il était à leur connaissance qu'un grand nombre d'objets pour les sciences et les arts y avaient été annotés, ayant invité le président de l'administration municipale du canton de Nauphle,

chef-lieu de Pontchartrain à se trouver
audit lieu pour assister à la visite qu'ils
désiraient faire, lesdits commissaires
s'y sont rendus à une heure et y ont
trouvé le citoyen Piot, administrateur
de la municipalité dudit canton de
Nauphle, qui a requis la citoyenne
Maulvault, concierge et gardienne de
ladite maison, de faire l'ouverture des
appartements. Les commissaires intro-
duits, ils ont eu la satisfaction de recon-
naître la totalité du mobilier de cette
maison dans le plus grand ordre, en bon
état et d'une grande propreté, ainsi que
le bibliothèque. C'est un témoignage
qu'ils se plaisent à rendre à la citoyenne
Maulvault, en l'engageant ainsi que son
mari à apporter le même surveillance
pour l'avenir.

» De suite les commissaires se sont
fait conduire dans le parc pour exami-
ner les différentes statues tant en marbre
qu'en pierre dont la plus grande partie
sont mutilées à l'exception d'une statue
moderne représentant un Ganimède
groupé avec l'aigle de Jupiter sur son
piedestal en marbre blanc d'une très
bonne « architecture » et très bien con-
servée. La citoyenne Maulvaut observe
que les mutilations des statues ont été
faites dans les premiers temps de la

Révolution par des « vandalistes » étrangers au canton.

» De tout ce que dessus il a eté dressé procès-verbal double entre nous pour être remis au citoyen Piot qui en fera le dépôt aux archives de l'administration du canton de Nauphle.

» Et ont signé avec le citoyen Piot, la citoyenne Maulvault, ledit jour et an que de l'autre part.

» Signé : Piot, Maulvault, Duplessis directeur, Fayolle, Damarin ».

Mme la duchesse de Brissac était-elle alors en émigration ? Nous ne saurions l'affirmer. Quoi qu'il en soit, le château ne fut point vendu nationalement, car sa propriétaire le céda elle-même le 28 germinal an IX à Claude-Xavier Corvillon Destillières, fermier général, moyennant le prix énorme pour l'époque, de un million six cent mille francs.

M. Destillières mourut à Paris le 23 mai 1814. Il laissait une fille : Marie-Angélique-Aimée, mariée à Charles-Eustache-Gabriel marquis d'Osmond. Elle recueillit le château de Ponchartrain dans la succession de son père.

La famille d'Osmond, ancienne et illustre de la province de Normandie, était représentée avec la plus grande distinction par trois frères sous la Restauration :

1° René-Eustache marquis d'Osmond, colonel en second du régiment d'Orléans en 1776. Il émigra en Italie et refusa plus tard toutes les offres de Napoléon. Sa fidélité à nos princes fut récompensée royalement par Louis XVIII qui le nomma lieutenant général en 1814, ambassadeur à Turin, puis pair de France et ambassadeur à Londres où il épousa une Anglaise, Eléonore Dillon, qui fut, après son mariage, dame d'honneur de la princesse Adélaïde, fille de Louis XV. Il mourut à Paris en 1838.

Il avait une sœur qui fut la comtesse de Boigne, femme remarquable par sa beauté et son intelligence ; son salon a tenu une grande place à Paris. C'était l'hôtel de Rambouillet de la Restauration ; on s'y occupait beaucoup d'élections académiques et beaucoup aussi de politique. La comtesse de Boigne ne bouda pas après 1830 ; son salon resta ouvert et on y faisait toujours, sans doute par habitude, de la politique agréable.

2° Antoine-Eustache, né en 1754, était évêque de Nancy en 1801 et archevêque de Florence en 1810.

3° Marie-Joseph-Eustache d'Osmond, né le 6 mai 1756, fut promu lieutenant général en 1814 ; il est mort au château de Pontchartrain chez son neveu, en 1834.

Le propriétaire de Pontchartrain était
le fils du marquis d'Osmond, ambassadeur à Londres, et d'Eléonore Dillon ;
il a eu un fils et une fille ; le fils a
épousé Mlle Marie de Maleyssie, et sa
fille est Mme la duchesse de Maillé.

La marquise d'Osmond, née Destillières, est décédée à Paris le 2 avril 1853,
et lors du partage de sa succession le
château de Pontchartrain fut attribué
à son mari Charles-Eustache-Gabriel
marquis d'Osmond, Chevalier de l'ordre
royal et militaire de Saint Louis, officier de la Légion d'honneur, etc...

Le marquis d'Osmond vendit, le 4 juin
1857, ce château qui, depuis la mort
de sa femme, ne lui rappelait plus que
de douloureux souvenirs. Le vieux chancelier de Pontchartrain dut en tressaillir
dans son cercueil blasonné ; celle qui
devenait, selon la formule féodale, dame
seigneuresse de ses domaines, celle qui,
la cravache à la main, faisait irruption
dans la cour d'honneur de son château,
de ce château encore tout rempli du
souvenir de ses vertus, était Mme de
Païva !

On ne connaît pas le lieu de naissance
de cette vierge folle qui, de la condition
la plus infime, est arrivée de métamorphoses en métamorphoses à réaliser une

immense fortune et à devenir l'Egérie
légitime d'un grand seigneur allemand,
proconsul de l'Alsace-Lorraine.

Devenir, après une pareille vie, la
gouvernante de deux filles de France,
voilà, à coup sûr, une fortune imprévue
et bien faite pour stupéfier même des
Parisiens. Rien de ce qui la concerne ne
paraissant désormais impossible, un
jour viendra peut-être où, en raison de
son odyssée, sept villes allemandes reven-
diqueront l'honneur de lui avoir donné
le jour.

Blanche-Thérèse-Pauline Lachmann
épousait, en 1836, en justes noces, à
Moscou, un pauvre bonhomme de tailleur du nom de François Villoing qui,
dans son empressement de nouvel époux,
commit l'imprudence de la rendre mère,
infligeant ainsi à cette pauvre femme des
devoirs bien au-dessus de son courage.
Ces choses-là ne se pardonnent pas ; on
le lui fit bien voir. Campant là un jour
le père et l'enfant qui se portaient mé-
diocrement, elle partit résolument à la
conquête du monde. Paris fut naturellement sa première étape, elle n'y trouva
que des déboires et faillit même y mourir
de détresse. Elle se dédommagea singu-
lièrement à Londres où, sous la direction
d'une matrone intelligente et expéri-

mentée, elle trouva un jour, raconte son biographe avec enthousiasme, dix fortunes à ses pieds ! De force à les soulever toutes, elle les apporta même à Paris où devait commencer le genre de vie qui lui a valu une célébrité si peu enviable.

Le tailleur Villoing, toujours débonnaire, étant mort fort à propos, elle se donna le luxe d'épouser le marquis Albino Francesco de Païva-Araujo et, pour que rien ne manquât à sa gloire « dont on parlera sous le chaume bien longtemps », elle acquit le château et la terre de Pontchartrain le 4 juin 1857 moyennant un million sept cent mille francs. Un mariage, qui n'était contracté que par intérêt d'un côté et par sottise de l'autre, ne pouvait donner d'excellents fruits. Païva eut le sort de Villoing et ne mourut pas, dit-on, beaucoup plus riche.

Mme de Païva a beaucoup habité Pontchartrain et, en 1883 encore, malgré ses soixante-onze ans, on la voyait chaque jour dans ses terres faisant sa promenade à cheval, et quiconque la rencontrait, toujours correcte dans son amazone, ne pouvait s'empêcher de lui décerner mentalement cette épitaphe : « Qu'elle a dû être belle ! » En effet, sa beauté avait été rayonnante. « Quand avec ses cheveux bruns dorés, tordus sur le haut de la tête et retenus avec un poignard d'or, enrichi de pierreries, elle se drapait dans des mousselines blanches qui ne tenaient à sa taille de statue que par une écharpe rouge nouée négligemment au-dessus des hanches », vive Dieu ! elle était plus belle que nature... et se savait telle !

Elle est morte le 21 janvier 1884 au château de Nendeck, province de Silésie, instituant, pour son légataire universel, le richissime comte Guido Henckel de Donnersmarck, son mari.

Le comte de Donnersmarck et sa femme, Catherine de Slepzoff, ont vendu le château de Pontchartrain et les terres qui l'entourent le 27 octobre 1888 à M. Auguste Dreyfus, banquier à Paris, pour 2,300,000 francs.

La superficie totale de cette seigneuriale propriété est, au juste, de huit cent neuf hectares.

Fontaine-le-Comte (Vienne), Août 1888.

TAVEAU DE LAVIGERIE.

IMPRIMERIE CHAIX, RUE BERGÈRE, 20, PARIS. — 12198-5-9.